生长的力量

—— 基于心理学的小学阶段生长性活动探析

施建英 著

同济大学出版社

图书在版编目(CIP)数据

生长的力量:基于心理学的小学阶段生长性活动探析 / 施建英著. —上海:同济大学出版社,2020.6
ISBN 978-7-5608-9305-1

Ⅰ.①生… Ⅱ.①施… Ⅲ.①小学生—心理健康—健康教育—研究 Ⅳ.①G444

中国版本图书馆 CIP 数据核字(2020)第 107296 号

生长的力量
——基于心理学的小学阶段生长性活动探析
施建英 著

责任编辑: 丁会欣
责任校对: 徐春莲
封面设计: 陈益平

出版发行　同济大学出版社　www.tongjipress.com.cn
　　　　　(地址:上海市四平路1239号　邮编:200092　电话:021-65985622)
经　　销　全国各地新华书店
排版制作　南京文脉图文设计制作有限公司
印　　刷　江苏凤凰数码印务有限公司
开　　本　889mm×1194mm　1/32
印　　张　6.25
字　　数　168 000
版　　次　2020年6月第1版　2020年6月第1次印刷
书　　号　ISBN 978-7-5608-9305-1
定　　价　48.00元

版权所有　侵权必究　印装问题　负责调换

序

上海市奉贤区高度重视教育事业发展，坚持"办好教育是奉贤最大的民生和未来"的理念，坚持"一品三化"目标导向，大力推进教育综合改革，全面建设南上海品质教育区，走在打响南上海教育品牌的追梦路上。"生长德育"的理念及其实践创新模式就是在这样的区域教育改革发展中生长起来的。

德育的力量，就是生长的力量。奉贤区思言小学副校长、区德育名师施建英长期扎根在上海郊区德育工作第一线。她根据郊区孩子的身心特点和成长规律，不断探索和实践，提出了"生长德育"的主张。以心理学为背景，以杜威的"教育生长论"和陶行知的"生活教育"等理论为基础，力求尊重孩子、理解孩子，使一切教育教学符合孩子的心理发展水平和兴趣、需求，让孩子能够自然、鲜活、和润地生长。这是奉贤教育"自然·活力·和润"品质追求在基层学校落地实践的举措。

奉贤是内涵深远的历史文化宝地，"贤文化"是奉贤地区特有的区域文化，体现了社会主义核心价值观，是中华优秀传统文化的重要组成部分。在奉贤区"贤文化"德育一体化工作的推进下，思言小学从创办一所中华优秀传统文化和现代教育相融合的办学愿景出发，确立了"向着儒香生长"育人理念，努力创建大德育课堂，以"生长德育"为引领，找到生长的根基，整合生长的环境、生长的课程、生长的活动、生长的评价等，促进基础型课程、拓展型课程、探究型课程的有机融合，在追问与解答"教育究竟是为了什么"的过程中，以全时空、全方位的方式展开探索和实践，努力诠释全体师生对教育的全部理解与期待，展示了一所上海郊区新生学校在德育工作方面独有的品位与风采。

本书是施建英老师在另一专著《"生长德育"在思言》的基础上，进一步研究学习杜威的"教育生长论"、陶行知的"生活教育理论"，结合学生身心发展规律，在系列"生长性德育活动"的基础上撰写而成的。首先阐述了基于心理学的生长性活动理论基础、实施原则、活动策略和活动评价，随后列举了施老师在实践中探索的、基于心理学的生长性分年级活动方案和生长性学生、教师、亲子活动的案例。每一个方案、案例都有心理学知识和理论的支撑，努力践行学校教育的价值，帮助孩子创造不断生长的愿望，彰显了一位德育名师比较深厚的理论功底。同时，这些方案、案例有着极强的可操作性，都是基于学校实际，充分利用校内外各种教育资源而精心设计的，体现了施建英老师丰富的实践经验。可以说，本书对基层学校开展德育活动具有较强的指导作用。上海市中小学德育研究协会秘书长何康老师提出，在教育教学改革之年，"生长德育"更能蕴含一种直接指向问题的德育改革，在奉贤创建南上海品质教育区的过程中，有更大的成长、更大的贡献。

  我们期待,"生长德育"和生长性活动的实践探索能在奉贤、上海乃至全国深入下去,让"生长德育"的理念为越来越多的学校、老师所接受和借鉴、推广。

  特为序。

上海市奉贤区教育工作党委委员、教育局副局长 周英

2020 年 2 月

目录

序

第一章 基于心理学的生长性活动概述 ... 1
  第一节 基于心理学的生长性活动理论基础 ... 1
    一、遗传因素影响"生长" ... 2
    二、环境因素影响"生长" ... 4
    三、教育认知影响"生长" ... 4
  第二节 基于心理学的生长性活动实施原则 ... 7
    一、遵循自然性原则 ... 7
    二、注重发展性原则 ... 9
    三、强调延续性原则 ... 10
    四、把握现实性原则 ... 11
  第三节 基于心理学的生长性活动策略 ... 14
    一、教师、家长、学生活动相结合 ... 14
    二、个别、班级、年级活动相结合 ... 15
    三、矫正性、预防性、发展性活动相结合 ... 16

  四、日常、仪式、节庆活动相结合   18
 第四节 基于心理学的生长性活动评价   20
  一、评价的策略   20
  二、评价的方式和内容   21

第二章 基于心理学的生长性活动分年级方案   25
 第一节 新时代小学生身心发展特点   25
  一、小学低年级学生特点   25
  二、小学中年级学生特点   26
  三、小学高年级学生特点   27
 第二节 生长性活动分年级方案   29
  一、一年级生长性活动方案   29
  二、二年级生长性活动方案   35
  三、三年级生长性活动方案   41
  四、四年级生长性活动方案   48
  五、五年级生长性活动方案   54

第三章 基于心理学的生长性活动案例   62
 第一节 基于心理学的生长性学生活动案例   62
  一、学会接纳   62
  二、陪伴与放手   71
  三、及时满足与延迟满足   79
  四、告密、告知、告状   83
  五、感受爱与传递爱   89

六、触动心灵的艺术　　93
　　七、劳动塑造品格　　97
　　八、怀旧与展望　　101
　　九、传承的力量　　105
第二节　基于心理学的生长性亲子活动案例　　112
　　一、放下孩子　拥有自己　　112
　　二、温馨家庭　你我共建　　119
　　三、亲子阅读　快乐起航　　127
　　四、心理游戏　心灵相通　　138
第三节　基于心理学的生长性教师活动案例　　143
　　一、汲取心灵营养　提升教师健康力　　143
　　二、把握情绪智能　提高教师调控力　　154
　　三、调适压力期望　提升教师学习力　　167
　　四、防止校园欺凌　提升教师保护力　　173

参考文献　　187
后记　　189

第一章　基于心理学的生长性活动概述

第一节　基于心理学的生长性活动理论基础

新时代对学校德育工作提出了新要求。为探索新时代学校德育工作新路径，激活德育从内而外的生机和活力，笔者在几年前撰写了《"生长德育"在思言》一书，在研究学习了杜威的"教育生长论"、陶行知的"生活教育理论"的基础上，提出了"生长德育"概念。它是笔者在实践中不断思考探索新时代学校德育工作时提出的一种德育思想，它以心理学为背景，以杜威的"教育生长论"等理论为基础，力求尊重学生，使一切教育教学切合学生的心理发展水平和兴趣、需求，让学生能够自然、鲜活、和润地生长。该书还从"生长德育"的意义、特征、元素等方面对"生长德育"进行阐释。同时结合创办一所中华优秀传统文化和现代教育相融合的学校办学愿景出发，确立"向着儒香生长"核心思想，在边实践边研究的基础上确定了"生长德育"的实施原则、实施内容、实施方式和实施途径。

"生长"一词在《辞海》中被解释为：自然界中存在的一种自然现象。在《现代汉语词典》修订本中的解释为：生物体在一定的生活条件下，体积和重量逐渐增加；出生和成长；产生和增长。不管是《辞海》还是《现代汉语词典》中的解释都源于词源、词义方面对"生长"的普遍性概括。

教育的本质即在于激发学生自生长的冲动，并为之提供营养与动力。学生的"生长"包括身体素质的生长、智能的生长和道德的生长三个方面。只有三方面协调发展才是全面发展，才是可持续发展。基于心理学的生长性活动是落实"生长德育"理念的重要途径，需要每一名教师改变已有的教育观念，遵循学生的身心发展特点，把握"生长"的概念，在开展德育活动时，采用尊重孩子、使一切教育和教学符合孩子的心理发展水平和兴趣、需求的方法，让学生"遵循自然、充满活力、健康向上"地生长。它包含三大特性：一是尊重天性。适应孩子的天性，体现孩子的主体性，以学生为中心，关注其现在，着眼其未来，根据生长的规律，不断激发学生内驱力。二是主体表现。让每个个体张扬其自身的生命活力，让每一个学生展现出个人的魅力，充满活力，具有旺盛生命力，拥有可持续发展能力和美好的未来。三是浸润引导。"生长性活动"的途径是浸润式的，需要来自学校、家庭、社会、自身等各个方面的参与，只有全方位浸润，才能使生长成为可能。

一、遗传因素影响"生长"

英国人类学家高尔顿在1869年出版了《遗传的天才》一书，说人的聪明才智及心理发展都是由遗传而来的。他用家谱调查法查询了977位名人。发现这些名人中有555位有同等优异或超过他们的亲戚；而在另外977位普通人中，只有4位有优异亲属。此二者亲属优异之比例为555∶4。因此，高尔顿断言，遗传素质是人的聪明才智和心理发展的决定性因素。美国心理学家L.M.特曼研究了643名天资聪颖的孩子，发现在美国名人堂(Hall of Fame)中有四分之一的名人与一名或一名以上的天资聪颖的孩子是亲属关系。因此，他说，"天才是遗传的"。遗传不仅在身体结构、形态、神经系统等方面有着决定性的影响，而且在心理发展上，也是一个极为重要的因素。

在个体发育中，一定的基因在一定的条件下，控制着一定的代谢过程，从而体现了一定的遗传特性和特征，因而人的亲代能够繁殖与自己性状类似的子代。人的机体的构造、形态、感官和神经系统的特点等，都是由遗传而来的。

遗传素质提供了孩子生长的可能性。每个人的心理活动以及表现出来的智力、才能和个性特征等都在一定程度上受到先天的遗传素质的影响和制约，都以一定的遗传素质为物质前提。但是遗传素质并不等于能力，它仅为人的发展提供可能性，这种可能性只有在不断的实践中主动地接受环境与教育的影响，才能最终转化为现实性。

实践告诉我们，在不同社会环境和教育影响下，遗传素质既可以朝着肯定的方向发展，又可以朝着否定的方向发展。那些智力超群的孩子将来未必都会成为科学家；那些智力素质一般的孩子也未必一定不会成为科学家。人们在职业上的不同，不是由于遗传素质上的差异，主要是社会生活条件和教育影响以及个人主观努力程度等方面因素作用的结果。因此，遗传素质虽然能为人的发展提供可能性，但它最终不能成为人的发展的决定因素，不能决定人的发展方向和水平。

人的遗传素质的差异性是不大的。据我国心理学工作者的调查表明，"超常"和"低常"孩子各占千分之三左右，只是极少数。因此，不能夸大人的遗传素质方面的差异，更不能根据学生成绩的优劣就轻易地给学生乱下结论，说某某"聪明"、某某"太笨"，否则会使学习成绩好的学生骄傲自满而停滞不前，使学习成绩差的学生悲观自卑而畏缩不前。总之，忽视或否认遗传的作用是错误的，但把遗传作用夸大到不适当的地步，认为人的知识、才能和思想品德是先天遗传决定的观点更是有害的。

二、环境因素影响"生长"

环境是指存在于人的周围并给予人一定影响的客观世界,其中包括自然环境和社会环境。环境对人的影响作用主要表现是能够为人类的生存提供必需的物质生活基础,能把遗传提供给人的发展的可能转化为现实,并能影响遗传素质的发展变化和差异性。更重要的是环境能够制约孩子的"生长"的方向和性质,影响孩子"生长"的速度和进程。

1. 自然环境。如光、热、水、空气等,它是人和动物赖以生存的基础。由于每个人生活的地理环境不同,他们的生理发育、心理成长、思想情感、行为习惯、活动能力以及文化素质等也都会因此而有所差异。

2. 社会环境。人生下来就处在既定的生产力和生产关系之中,他们的"生长"受着社会生产力、生产关系、经济基础和上层建筑以及语言、科技和其他一切社会关系的影响和制约。从世界各地先后发现的"狼孩""豹孩"等现象说明,由于他们从小与野兽为伍,长期脱离人类生活环境,四肢、大脑和语言器官都发生了退化。有脑不会思考,有嘴不会说话,有手不会劳动,完全失去了人类的特性。即使发展成熟的人,长期不接触人类社会环境,也会发生心理器官退化,心理活动失常。可见,对人的发展起决定作用的是人类的社会环境。每个人的天资和才能能否得到发展和发展程度如何,都是与他们所生活的社会环境分不开的。任何个人的发展与个性的形成都可以从他们所处的家庭出身、生活方式和社会关系中找到原因。

三、教育认知影响"生长"

学校教育认知在一定的条件下与遗传素质和自发的环境影响相比,

在孩子的"生长"中起着主导作用。这主要是因为：

1. 学校教育对孩子的"生长"的影响，始终是有目的、有计划、有系统、有组织地进行的，因而教育影响力更集中持久。

2. 学校教育能够对各种环境加以一定的控制和利用，使孩子的先天遗传素质的某些优势得以更好地发挥，也能给某些患有先天缺陷的学生以教育补偿或抑制某些缺陷的发展。

3. 学校教师是受过专门训练的专业教育人员，懂得教育科学，掌握教育技能、技巧，因而更增加了教育认知的科学性和有效性。

孩子的"生长"是有规律的。教育只有遵循孩子的身心发展规律，才能行之有效。

首先，孩子的"生长"过程是由低级到高级、由简单到复杂，具有一定顺序性。如：身体发展是从头部向四肢、从中心部位向全身的边缘方向进行的，动作是按躺、坐、爬、站、走的生长顺序；心理方面的发展是从具体形象思维到抽象逻辑思维，由机械识记到意义识记，先有喜怒的一般情感，然后才有理智感、道德感等高级情感。孩子"生长"的顺序性决定了教育教学工作的顺序性。无论是思想品德的修养，还是知识、技能的传授，都应坚持由易到难、由简到繁、由具体到抽象、由低级到高级循序渐进地进行，不能"拔苗助长""陵节而施"。

其次，孩子的"生长"是有阶段性的。从出生到成熟，要经过乳儿期、婴儿期、幼儿期、童年期、少年期、青年期等"生长"阶段。在"生长"的每个阶段，都具有典型的本质的特征。这就是孩子"生长"的年龄特征。孩子"生长"的阶段性决定了教育教学工作的阶段性。孩子年龄阶段不同，对接受施教的内容、方法能力也不同。

孩子"生长"的年龄特征的相对稳定性，决定了教育内容和要求的相对稳定性。教育内容的选择和要求的提出，必须以学生相对稳定的生理、心理特征为依据，这样才能避免教育教学工作的主观性和随意性，增强教育教学工作的计划性和稳定性，促使学生循序渐进地发展。但是又不能固守僵化教条的教育教学模式，而应适应学生身心发展可变性的需求，有效地利用他们发展的可能性，调动他们发展的主观能动性，不断改革陈腐的教育教学内容，逐步深化教育教学要求。这样，学生的素质才能"芝麻开花节节高"。

第二节 基于心理学的生长性活动实施原则

"生长"是一种进行时,而教育的本质即在于激发学生自生长的冲动,并为之提供营养与动力。作为德育工作者,需要把握"生长"的概念,把"生长"作为德育的平台,尊重孩子,开展适合于孩子心理发展水平和兴趣、需求的"生长性活动"。"生长德育"实施的途径有很多,但笔者认为"生长性活动"是实施"生长德育"的基本路径。

"生长性活动"要遵循自然性、发展性、延续性、现实性原则,要始终满足孩子的身心需求,尊重孩子的身心特点,促进孩子的道德发展,感知孩子的生长延续,让孩子在活动中自然、鲜活、和润地生长。

一、遵循自然性原则

大自然的各种生物都有其自身的生长规律,我们必须遵循自然之道。人类是大自然的一部分,"生长是自然的过程"。孩子的成长需要遵循人类自然生长的规律。特别是小学阶段,孩子的身心发展都有一定的规律性,给予适合的环境,孩子一定能向上向善地成长。这里的"自然"包含了三种意思。其一是人的自然本性、自然情感;其二是《晋书·裴秀传》中"生而岐嶷,长蹈自然"的"不造作、非勉强";其三是指事物的"本性",即事物自身固有的,是其做事的根据和自身活动的内部根源,反映事物的本质规律和事物发展变化的必然趋势。"生长性活动"要适应孩子的天性,体现孩子的主体性,以学生为中心。现实生活中,每个孩子都有各自的身心特点。

案例一:小诺是个非常可爱的女孩,但是她平时不爱讲话,时常独自在一边，不参与同学们的活动。有一次音乐老师让学生们用饮料瓶装绿豆当作乐器。小诺非常喜欢豆子在瓶子里发出的声音。有一天，她给绿豆换了"家"——把绿豆放在一个广口话梅瓶里，然后朝瓶子里灌水。妈妈看到了，提醒她不要灌得太多，否则小绿豆会被"淹死"的。妈妈还告诉她："如果你每天给小绿豆们洗个澡，它们会给你惊喜的！"听了妈妈的话，小诺每天都把装着绿豆的瓶子摆在显眼的位置，天天换水。看着小绿豆一天天地变化，她的话也多了起来："瞧，妈妈，小绿豆长了好长的芽了。它们多漂亮啊！""我是小豆芽的主人，我要好好照顾它们。"她和小豆芽一起快乐成长。渐渐地，小诺的性格也开朗起来。

很多家长会对老师倾诉：我家的孩子内向，怎么办？根据托马斯和切斯的研究，每个孩子有各自的气质。气质一般有九个维度，即生活水平、生活节律、注意分散度、趋避性、适应性、注意广度和持久性、反应强度、反应阈限、心境。根据希波克拉特的气质体液说，可以分为黏液质、多血质、胆汁质、抑郁质四大类型。案例中的小诺同学，其气质中抑郁质比较凸显。因此，与其他孩子相比，这类孩子更需要被看见、被听见。只有父母及时地对孩子表达关爱，这类孩子才能内心充盈，乐观地去看待世界，去与世界和谐相处。

教师、家长要多观察孩子，了解孩子的气质，更新教育观念，多思考和总结哪种方式更适合孩子的成长。因为只有遇到了相契合的教育，孩子才会迸发出巨大的潜能，成长为更优秀的自己。

"生长性活动"的方法是灵动的，它不是教师、家长教育内容的简单输送，让孩子全盘接纳化为自己的思想道德品质的过程，而是根据不同的年龄特点及其道德水平，让孩子有一个循序渐进、逐渐生长的过程。

二、注重发展性原则

杜威认为"生长"的首要条件就是未成熟状态。一个人只能在他未发展的这个点上发展。未成熟的状态是一种生长的姿态或叫作生长的动力。每个生物都要达到它所能达到的点。因此，孩子的这种"未成熟"状态不是被动的、消极的、等待填充的，而是积极的、能动的、蕴含着生长的空间的。"生长性活动"就是要基于孩子道德发展规律的基础上，开展各种丰富多彩的活动，提高孩子的道德发展水平。

案例二：这是一节情景讨论的班会课。课上，学生表演过马路的情景。学生们有的扮演马路边上的一棵树，有的扮演马路上来往的汽车，有的扮演十字路口的红绿灯。下课铃声响了，学生开始过马路，这时汽车出现了。有的同学彼此对视了一下，闯了过去，笑着看着对面的同学。如果你是对面的这名同学，你心里怎么想？你会怎么做？通过扮演角色，来谈谈感受。

案例三：某班有一名同学正在抄其他同学的作业，身为班长的张同学知道这种行为是错误的，可是他陷入两难中：如果告知老师，老师会批评抄作业的同学，而这名同学一定会对自己怀恨在心；如果不告知老师，可是作为班干部，对这样的现象置若罔闻也是不对的。面对这种两难境地该怎么办呢？老师不作任何评价，而是让学生充分自主地讨论、分析，按照应有的价值标准应该如何去做。

以上两个案例，就是道德两难问题。英国心理学家科尔伯格对儿童道德发展阶段进行了划分。他在将道德品质分成是非观念、权利观念、责任观念、赏罚观念、道德意图、行为后果等不同类别，并在此基础上划分出了儿童道德判断发展的三种水平、六个阶段，包括"前习俗水平：服从于惩罚的道德定向阶段，相对的功利主义的道德定向阶段；习俗水平：好孩子道德定向阶段，维护权威道德定向阶段；后习俗水平：社会契约的道德定向阶段，普遍原则的道德定向阶段"。他认为这三种水平、六个阶段是按照不变的顺序由低到高逐步发展的。

教师通过创设情境活动，让学生在演绎情景剧和讨论过程中，逐渐了解什么是道德两难困境以及两难困境的特点和复杂性，知道生活中存在着两难困境事件，并且任何人都会碰到。因为真实生活是一个充满了矛盾、选择与价值判断的历程，通过道德情景演绎促进学生的道德发展。

如案例二，是通过模拟情景，让学生学习有效应对消极同伴压力的方法和技巧，体会到积极、自信、合理地表达自己是一件健康快乐的事。作为同学之间的友谊要遵守一项原则——既不请求他人也不答应别人去做违心的事情。又如案例三，作为班干部可以向同学指出抄作业是一种严重错误，需要改正。这次可以不告知老师，但下不为例。如再有抄作业现象，一定告知老师。通过这样的活动，让同学增强辨别是非的能力，学会如何妥善地处理生活、学习中的两难问题。

"生长性活动"既要给孩子们"向阳"的思维，营造"向阳"的环境，让孩子汲取阳光的力量，还要帮助孩子坦然面对困境，提高应对能力，增强自我保护意识及尊敬他人生命和人格尊严的意识。

三、强调延续性原则

生长是一种状态，一种进行时态，因此需要在已有的基础上进行，有一个延续的需要。按照规律来，一步一个脚印，每个环节都很重要，跳跃性的生长最终会回过头来弥补。同时，杜威认为，教育过程就是持续不断的生长过程，在生长的每个阶段都以增加生长的能力为目的。学校教育的目的在于通过组织保证生长的各种力量，让教育得以持续进行。对于一个人来说，知识的获得、技术的习得、教养的成就并不是生长的终止，而是生长的记号以及继续生长的方法。

案例四：思言小学每年会精心策划"向着儒香生长"一年级新生准备期展示活动暨"我是小学生啦"入学典礼。当天，每一个学生都会带上一封信，并邀请父母一起参加仪式上的"寄给未来一封信"的环节。原来，学校提前一周，统一下发给每个学生特制的信纸，学生在写这封信之前，会和爸爸妈妈开一个小小的家庭会议，共同写上对一年后自己的期待。如果不会写，可以口述让爸妈代写，或者用绘画的形式呈现。仪式上，爸爸妈妈和孩子手拉手一起把信放到一个大邮筒里。最后这些信会被收集到一个成长密封罐里，由班主任保存一学年。到了第二年5月份左右，在学校召开"校园儒香文化节"活动的某一天，再让孩子们打开密封罐，开展读信环节。看看曾经的自己和现在的自己，是否多了成长的快乐。之后，孩子们在这封信上延续写下第二年的愿望，等到来年再读。于是，在每年一届的"校园儒香文化节"上的读信、写信成了孩子们期盼的"必修课程"。五年之后，在五年级毕业典礼上这封信回到孩子手上，也成为五年来成长路上最珍贵的礼物。回过头来再去读这封长长的信，每一个孩子会有不同的心情。无论信上面写的是幼稚可笑的，还是真实能做到的，都记录了当初最宝贵的梦想，也完成了一次小学阶段自己与自己的对话。

每年读信、写信活动，在阅读中感受一年来自己的成长变化，在续写信的过程中审视自己，有助于学生朝着生命生长的新的方向发展。

四、把握现实性原则

近观现代，很多学校在开展德育工作时采用的是由外到内的教育方法，即改变孩子的不好做法，塑造良好的品行，也就是我们经常说"修枝剪叶"的教育。但我们更希望逐步引导教师、家长在教育中激发学生从内到外的改变。

案例五：Only 是一个小学一年级男生的英文名字，他特别喜欢英语。妈妈非常爱他，他的中文名字就是"唯一"。妈妈非常重视孩子的学习情况，自己也懂一些英语。平时除了老师布置的作业外，妈妈还会额外布置一点英语作业，Only 有时会不乐意做。特别是妈妈想把 26 个英文字母一股脑教会他，让 Only 变得更加抵触了。妈妈也觉得困惑，这个阶段正好也是孩子学习汉语拼音的时刻，两种语言同时学，会不会产生干扰？而且纳闷为什么 Only 最近在家里总是闷闷不乐。

这个案例中，妈妈的困扰是同时学习汉语拼音和 26 个英文字母，是否会产生干扰？如果按照课程计划学习，一、二年级的英语课主要是培养孩子对英语的兴趣，课堂内容一般是唱歌、对话、小表演等。一般来说，到二年级才开始学 26 个英文字母，三年级才开始接触音标，而这时汉语拼音早就学完。也就是说，按照计划学习，不提前学，不会产生这个问题。

根据语言神经、生理机制的相关研究，4~10 岁是开始学习外语的最佳年龄，但从 6 岁起，其辨音能力、认知能力、语调和语音大体上初步形成，并开始退化，这个时间段家长重视孩子的外语学习，不错过孩子的语言敏感期的做法是非常对的。

对于 Only 而言，他胆子大，不怕说错，没有任何的畏惧，这样的性格状态，家长应该好好利用起来。这个案例中，真正的问题并不是是否同时学的问题，而是妈妈忽视了孩子闷闷不乐的原因。一个对英语充满兴趣的孩子，却在家里变得不那么爱学英语了，是妈妈额外增加了英语练习超出了孩子的意愿？是强迫孩子学习 26 个英文字母没有和孩子沟通好？英语额外作业和英语字母的学习都不是问题，问题出在家长和孩子的沟通，以及孩子学习英语时家长对孩子的态度。

如果孩子愿意说英语，就让他说，不要对孩子的发音太过苛求。

帮助孩子在不知不觉中养成在家说英语、唱英语歌曲的习惯。英语对于孩子来说,是那么亲切、平常,让他在快乐中熟悉英语发音,培养英语语感。

根据学生自己生长的规律,不断激发学生内驱力,不仅仅看作是提高孩子认知的过程,即指向知识、技能、技巧的掌握,而且要指向其个性的发展。

每一个孩子就像一粒种子,我们需要了解生命内在的力量,尊重生命内在的力量,进而增强生命内在的力量,把握自然潜能、洞悉生命的代谢、开展适宜的活动,并努力让三者融为一体,和谐发展,才能让学生向上、向善、向美地生长。

第三节　基于心理学的生长性活动策略

每个孩子都有着不同的品性和潜能。学校教育的价值，就是创造不断生长的愿望，通过开展基于心理学的生长性活动，为实现这种愿望提供借鉴的方法。

一、教师、家长、学生活动相结合

学生生长的前提，需要有一支生长性的教师队伍和生长性的家长队伍。只有三位合一，朝着同一个方向才能让"生长"成为可能。

（一）开展教师生长性活动

教师群体不是一个"工作体"，而是一个"生命体"，不管是年轻教师居多的新学校，还是老中青结合的老学校，都需要分析不同阶段教师们的需求，将工作、精神、生活上的关怀结合起来，不断完善教师们的成长轨迹。通过开展生长性的活动帮助教师建设精神乐园：爱岗敬业的精神乐园，拥有宁静心灵、坚定的信念，充满成就感和幸福感；热爱学生的精神乐园，走近学生心灵，给学生安全感，学会包容学生、欣赏学生，不仅爱优秀学生，更爱有缺点的学生；热爱学习的精神乐园，勤奋学习，博览群书，获取教育学、心理学知识，丰富教育思想，更新教育理念，寻求教育规律；岗位练兵的精神乐园，立足本职岗位，以校本研修为载体，调适压力期望，提升学生学习力，锤炼教育教学能力。

（二）开展亲子生长性活动

"父母是孩子的第一任教师。"家庭教育因其特殊的地位和影响，在孩子成长过程中起着举足轻重的作用。家庭教育既是摇篮教育，也是终身教育。进入小学，家长的角色跟着转变，由原来的幼儿园家长成为小学生的家长。一个道德素质高的家庭会给孩子的发展带来健康的、积极向上的影响。孩子刚踏入小学校门那一刻，家长们对学校寄予很高的期望，他们期望学校能给予自己的孩子良好的教育。抓住家长的心理需求，学校通过专家讲坛、家长沙龙、参观学习、亲子活动、评比表彰等，帮助家长提升科学育儿水平，增强每位家长自生长的能力。学校还帮助家长关注自身的身心健康水平，营造和谐温馨的家庭氛围；发挥家长志愿者的作用，开展亲子阅读活动；举办心理游戏节，建立良好的亲子关系等。孩子健康成长，是一项长久又系统的工程，正可谓：十年树木，百年树人。通过亲子生长性活动，帮助家长时刻注意创建良好和谐的家庭环境，用健康文明的言行给予孩子良好的影响。

（三）开展学生生长性活动

生长性活动的落脚点就是培养"生长性"的学生。学校通过开展遵循学生身心发展规律的活动，倾力培养"温文尔雅、博文约礼、好问善思、明辨笃行"的文雅学生，既能立足现代生活，又能适应未来生活，能在环境变化中向上、向善、向美地生长。从活动类型上分为个别、班级、年级活动；从活动目标上分为矫正性、预防性、发展性活动；从形式上分为日常、仪式、节庆活动。既要关注学生个体的身心发展，还要着眼团队建设；不仅要关注学生的现在，还要关注学生的未来。

二、个别、班级、年级活动相结合

学生成长需要多种层面的活动滋养，可以结合班级实际情况开展，也可以结合年级段开展，还要进行个别辅导活动。

（一）开展班级活动

班级是学生生命成长的土壤，是师生为了共同目标而形成的一个生命共同体。在这个生命共同体中，需要尊重每个学生的生命存在，关爱每个学生的生命质量，彰显每个学生的生命价值。班级又是一个相对比较稳定的集体，有固定的教师、固定的作息时间、固定的班会课等，因此开展班级生长性活动具有规律性、灵活性、持久性等特点，通过活动打造"生长性的班集体"。

（二）开展年级活动

年级活动需要根据不同年段学生的身心特点，由学校统筹规划。一年级生长性活动方案：期待和适应；二年级生长性活动方案：融入和表现；三年级生长性活动方案：自信和感恩；四年级生长性活动方案：合作和坚持；五年级生长性活动方案：传承和期冀。以年级组为单位组织开展，要求全部年级学生一起参加，一起见证，在关键时期开展相应的活动，让"生长"积攒力量。

（三）开展个别活动

个别活动在这里是指个别辅导活动，是针对学生实际给予相应的辅导。其中个别心理辅导不是一般性的教育谈话，而是需要持有心理辅导资格证的教师进行。心理咨询意在使人成长，而这种成长应当是主动的、从内而外的。

三、矫正性、预防性、发展性活动相结合

作为教师，要唤醒孩子内在的道德情感需求，根据不同的情况开展针对性的活动，通过活动让学生有一个循序渐进的"生长"过程。

（一）开展基于矫正性的生长需求的活动

杜威主张生长是为了更多更好的生长，但生长绝不意味着把儿童期理想化，绝不意味着把无政府状态称为尊重儿童的天性。卢梭谈及生长时，更多的是在强调自然的生长、孩子自发的生长，外界不加以过多的干预。但是这里的自然生长，不是指放任自流，而是关注孩子

成长过程。因为生长本身是各式各样的,有正确的、有错误的,有常态的、有变态的,有的甚至是歪曲的和停滞的。教师要具备科学教育观,在面对错误的、变态的,甚至歪曲的生长状况时,让孩子知道什么是向上的、向善的,并以"静待花开"的心态,给予孩子时间,让孩子主动做出改变,用合适的方式引领孩子健康发展,以达到自然性生长与社会性生长的和谐统一。

(二)开展基于预防性的生长需求的活动

不同的阶段,学生可能会出现不同的问题,需要教师有敏锐的观察力和高超的调控能力。杜威认为,教育者要尊重儿童的个性,要使教育教学适应儿童的兴趣和需求。但他认为这种尊重不是放纵,不是为所欲为。孩子的活动需要设计、引导。对活动的设计和引导不仅要从孩子的心理特征出发,也要从社会环境和生活出发。为此,我们需要根据学生的变化设计"生长性活动",让教育目标、教育环境、教育方式随学生的变化而变化。教育过程不仅仅基于学生的自然禀赋,还要提高学生认知的过程,即指向知识、技能、技巧的掌握,更要创设平台,给予学生与自己对话,不断修正自己的目标,自省、激励、期待的时间和空间,让学生在"生长"中得以发展。

(三)开展基于发展性的生长需求的活动

长大了,你想做什么?很多孩子对未来感到迷茫,因为对他们而言,未来太遥远了。活动只有基于学生的需求,才能发挥其真正的作用。发展性的活动正是基于学生成长发展的需求。所有的孩子出生后必须经历一系列发展阶段才能走向成熟,即生理基本成熟、智力达到高峰、情绪基本稳定、行为能够自控,最终成为一名能独立承担社会责任的社会成员。当孩子进入小学之后,他要适应小学的生活,学会和小伙伴相处,学会上课集中注意力,学会独立完成作业,还要能客观、全面地看待自己，发挥自己的长处，学会适应不同风格的教师等。发展性活动的目的不是通过几次活动，让学生的成长取得明显的效果，或产生不变的结果，而是通过既有连续性又有阶段性的活动促使学生在自我认识、自我规划的道路上又前进一步。

四、日常、仪式、节庆活动相结合

朱永新教授曾指出："仪式、节日和庆典……使有意义的事情或者伟大的事物能够拥有一种伟大的时刻，获得神圣、庄严与尊重。"开展生长性活动需要日常活动和仪式、节日、庆典活动相结合。

（一）开展日常教育活动

这里的日常教育活动，是指发现问题之后即兴开展教育的活动，需要教师面对生成性问题时睿智地对待。解决问题要明确，活动体验显真情，不在于完整性，而在于有效性。面对生成性问题，教师要从具体问题出发，让学生明白问题出在哪里，为什么会出现这样的问题，应该怎样解决这样的问题，和他们一起寻找解决方法，让学生以后面对类似的问题，也会采用合理的方法解决。

（二）开展仪式教育活动

仪式具有特殊的社会心理功能，是学校教育的重要载体。仪式感的力量，在于"塑造"，而不是"灌输"。通过日常固定的小举动，学生渐渐形成对生活的理解。这是一种慢养育。在学校教育教学活动过程中，注重仪式感的渲染和营造，能有效提升学生素养，放大教育影响力，促进心灵成长和生命绽放。入学仪式、开学典礼、入团仪式、毕业典礼等是学校常规性仪式教育活动。学校的仪式教育是指体现教育目的，经过精心设计而固定下来的具有较强仪式感的教育活动形式，它强调仪式的象征符号，注重仪式背后存在的文化内涵。这样的仪式，会启迪孩子的心灵，让他们的生命与伟大事物交汇在一起，从而形成长久的动力。在这样的活动中学校发挥每一个学生的积极主动性、创造性和个性，并让这种主体作用在仪式活动中体现它的价值。

（三）开展节庆教育活动

传统节日与传统文化互为表里、密不可分。传统节日本身就是传统文化的一部分，更是弘扬传统文化的有效载体。同样，传统节日也蕴含着丰富的教育资源，具有极大的教育价值。以传统节日为契机开展相应活动，既能够使学生了解传统节日背后的意蕴和内涵，也能使之对传统文化更多一份亲近感。家庭、学校、社会要发挥协同作用，把"过节"当成一件大事去做，引导学生逐渐重视起来，让传统节日及其背后的历史文化在孩子们心中深深扎根。

第四节　基于心理学的生长性活动评价

加强和改进学校德育工作，培养受教育者正确的政治观念、道德观念、思想观念和心理健康理念是开展"生长性活动"评价的重要目标，对促进德育综合改革以及学校德育工作具有积极的现实意义和理论价值。

不断加强学生思想道德素质的培养工作，完善"生长性活动"的评价制度，其成效如何不仅关系个人素质的发展问题，也是解决好开展"生长性活动"过程中存在问题的一个重要组成部分，需要进一步研究探索。坚持德育为首，育人为本的方针，不仅要成才，成长更重要。德育工作是教育工作的重中之重，集中涵盖了学生参与的教学活动和在具体的社会实践活动中培养受教育者良好的道德行为习惯。学生的思想品德与道德品质，使各种德育效果以量的形式体现出来，更能准确把握学生的操行水平，对国家和民族的未来有着更加深远的影响。

一、评价的策略

（一）评价要关怀生命主体

生命主体，包括教师的生命、家长的生命、学生的生命。通过认识自己，了解自己，找到自身发展潜能，做更好的自己。对教师要人文关怀，对家长要理解信任，对学生要充满期待。不管是评价哪个生命，都不以甄别与选拔为目的，更多关注生长的过程中表现出来的情感、态度、价值观等。发现和发展师生多方面潜能，了解师生发展中的需求，帮助师生认识自我、建立期待，促进师生在原有水平上的发展，发挥评价的导向功能。希望通过崭新的评价观念、评价内容和评价方式给师生、家长带来一个广阔的空间，成为他们进步的起点，成长的一个转折点。

（二）评价要关注生长过程

关注每一个生命体的生长阶段，始终以"美好生活"的目标去引导和提升现有生活。通过多重活动，让课堂走向生活，又从生活走向课堂，全方位、全过程的给予学生、教师成长与发展的生长空间。在引导学生横向评价的同时，客观地进行纵向评价，尽可能全面地反映学生的成长过程，使每个学生在看到他人长处的同时，也欣赏到自己的优点，看到自身的进步。重视过程性评价，让学生体会到学习和生活的乐趣，努力捕捉最佳评价机制，使每个学生都得到赏识，以激发兴趣爱好为动力，促使学生快乐成长和全面发展。

（三）评价要关心生态条件

评价学生要考虑与学生生长紧密相关的"空气、水、土壤、阳光"，要关注这些条件是否真正适宜学生的发展。遇到问题不仅要从学生身上找原因，还要从生态条件上找原因。

（四）评价要关切成长生机

评价的目的是促进人的生长。帮助学生正确处理"人与自我""人与人""人与社会""人与自然"的关系，帮助学生学会做事、学会做人，逐步形成良好的行为习惯和正确的价值取向。

二、评价的方式和内容

（一）从"生长性活动"本身来评价

生长、变化是生命固有属性，教育的对象是人，就必须要以人为本，尊重生命生长的规律，让教育回归生命的本源，让教育伴随着生命的开启自然绽放。大道至简，道法自然，我们的"生长性活动"是自然开放的，充满生命、生长的，因此"生长性活动"的评价关注学生的生长过程，重在让学生在各种活动情境中增强体验，激发学生的内驱力，体会生长的快乐。

"生长性活动"评价标准

一级指标	二级指标	三级指标	分值	自评	互评
生长环境	关怀生命主体	1. 校园建筑、楼层布置、各大景观的颜色、造型带给师生的身心舒适感	10		
		2. 师师、师生、生生之间的沟通交流，能给师生彼此带来亲切感	10		
		3. 各大互动景区、宣传、展板等，要体现师生的学习、生活快乐成长片段，能带给师生温馨感	10		
生长课程	关注生长过程	1. 学校课程活动要围绕学生每个阶段特点开展	10		
		2. 让学生参与整个课程活动的设计、实施、评价	10		
		3. 关注学生点滴成长，并能及时记录和反馈	5		
生长平台	关心生态条件	1. 学校给教师成长搭建了平台	10		
		2. 学校给学生成长创造了平台	10		
		3. 学校为学校自身发展开辟了平台	10		
生长实效	关切成长生机	1. 学生对学校、教师的满意度	5		
		2. 家长对学校、教师的满意度	5		
		3. 社会对学校、教师的满意度	5		
总评			总分（　）		

（二）从"生长性活动"对象来评价

立德树人是教育的根本任务，它贯穿于学校教育、家庭教育和社会教育各个方面。学校要把学校的发展与教师和学生的成长建立在同等重要的教育平台上。因为只有教师的发展才有学生的发展。同时，家庭是构成社会的重要细胞，是学生成长的摇篮，也是个人品行形成的源头所在。父母长辈的言行举止对孩子的影响是最为深远的。由于客观因素的影响，现在孩子在家的时间远多于在学校或公共场所的实践，因此，父母对孩子的影响作用是极大的。鉴于此，学校在设计"生长性活动"评价的过程中就不再仅仅局限于对学生的评价，而是通过教师、家长、学生一起评价，通过对教师、家长的评价来促进学生的评价。在制定评价标准时，我们紧紧围绕学校提出的做"生长性教师""生长性家长""生长性学子"的目标以及"生长性活动"所倡导的顺应生长过程的思想去制定完善。经过全体教师、学生和各级家委会家长的讨论，分别制定出"儒雅教师""贤雅家长""文雅学子"三个评价标准。

生长性教师评价标准

编号	指标	分值	自评	组评
1	品德言行高尚	10分		
2	乐观积极向上	10分		
3	兴趣广泛雅致	10分		
4	恒爱每个孩子	10分		
5	目标定位准确	10分		
6	深受学生喜爱	10分		
7	家长沟通顺畅	10分		
8	文化素养深厚	10分		
9	业务教艺精湛	10分		
10	管理创新特色	10分		
总评		总分（　）		

生长性家长评价标准

编号	指标	分值	自评	校评
1	热爱工作岗位，勤奋工作努力向上，做单位好员工	10分		
2	孝敬双方父母，带着孩子回家看看，做尊老好子女	10分		
3	出门礼让有德，自身做起弘扬正气，做社会好公民	10分		

（续表）

编号	指标	分值	自评	校评
4	学习家教理论，热爱书籍阅读反思，做学习型家庭	10分		
5	夫妻尊重互敬，保持教育和谐一致，做比翼好夫妻	10分		
6	弘扬家风家训，继承优良传统美德，创美德好家庭	10分		
7	邻里和睦走动，帮扶弱小热心公益，做爱心志愿者	10分		
8	节约水电粮食，勤俭持家低碳环保，创节俭型家庭	10分		
9	关心子女学习，支持老师配合班级，做爱班好家长	10分		
10	关心学校教育，参与管理支持教育，做荣校好家长	10分		
总评		总分（　）		

生长性学生评价标准

编号	指标	分值	自评	互评
1	准时到校微笑问好	10分		
2	上下楼梯靠右慢行	10分		
3	课间休息文明礼让	10分		
4	排队如厕清洁如意	10分		
5	安静用餐光盘行动	10分		
6	垃圾分类从我做起	10分		
7	热爱自然善于观察	10分		
8	琴棋书画全面发展	10分		
9	珍惜时间互助共进	10分		
10	心有目标快乐前行	10分		
总评		总分（　）		

第二章 基于心理学的生长性活动分年级方案

第一节 新时代小学生身心发展特点

我们把身心理解为身体与心理。小学生一般指6~12岁之间的孩子，这个年龄段的孩子，除高年级学生外，大部分还没有进入青春期，其身体发育尚未成熟，让"身体快快长大"，正是这个年龄段的孩子最大的愿望。这个年龄段孩子的心理既单纯又复杂。单纯是针对"自我"而言。因为年龄小，获得的外界信息量也少，处理复杂人际关系的能力比较差。复杂是指其内心活动为适应外界变化而发展的特点。不同的生活环境将影响其"本我"（天分与性格）的发展，所以这个时期的孩子特别聪明，反应特别快，也特别容易逆反。作为家长与老师要重视这个年龄段的孩子身心健康发展，不但要保证其身体所必需的营养与睡眠，还要特别重视其心理的健康。

小学生的身心发展规律，从一年级到五级，大致有三个明显不同的阶段，即我们常说的小学低年级、小学中年级和小学高年级段。

一、小学低年级学生特点

（一）身心发展特点

小学低年级的学生，即小学一、二年级学生，在身体发育上处在平稳发展的时期，其身高平均每年增长4~5厘米，体重增加2~3公斤，心率、血压、肺活量及其他生理指标都不稳定，且与成年人的指标有较大差距，骨骼易弯曲，肌肉力量较小，大肌肉动作的协调性比幼儿期有很大的发展，但小肌肉动作的协调性还较差。比如，一年级的学生写字时，不仅速度慢而且不工整。这一阶段的孩子，不易做强度太大、时间太久的体育运动，在训练写字、弹琴等这些小肌肉运动的动作时，要注意动作的规范性。

小学低年级学生的脑功能发育处于"飞跃"发展的阶段，他们的大脑神经活动的兴奋性水平提高，表现为既爱说又爱动。他们的注意力不持久，一般只有20~30分钟。他们的形象思维仍占主导，逻辑思维很不发达，很难理解抽象的概念。他们的独立性和自觉性较差，在生活、学习、活动等各个方面都需要成人的监护和具体指导。他们最显著的特点是，对老师有特殊的依恋心理，几乎无条件地信任老师，他们对老师的信任超过了对家长的信任，常挂在他们嘴边的话是："我们老师说了……"他们开始评价自己和别人，但评价自己时，只看优点，评价别人时容易受成人的影响。他们很少能顾及到客观外界与自我的关系，只会以自我为中心，按自己的目的去行动。

（二）生长点

年级	生长点	目标
一年级	期待和适应	利用学生对老师的信赖感，培养深厚的师生感情。同时，要在各个方面为学生做出榜样，使学生的这种信赖感能够更加持久
二年级	融入和表现	

二、小学中年级学生特点

（一）身心发展特点

小学中年级学生，即三、四年级学生，除大脑外，各项生理指标只在量上比一、二年级的学生有所提高，基本没有质的飞跃，仍处于平稳发展之中。但是，他们的大脑却处于迅速发展的时期。9岁孩子的脑重量约 1350 克，与 7 岁孩子的脑重量约 1280 克相比，有较大幅度的增长，大脑神经的机能得到进一步加强，特别是大脑内的抑制蓬勃发展，使心理活动更趋稳定，明显的表现是，他们比一、二年级的学生更容易集中注意力听课。他们的语言能力有一定的提高，却正处在由第一系统向第二系统转换的过渡阶段，常常出现"有话说不清"的情况。同时，他们的逻辑思维开始迅速发展，他们在接触"好与坏""正确与错误""主要与次要"等概念时，尽管还有些模糊，但已有了初步的认识。

处在这一阶段的小学生，最明显的心理特点是自我意识突然萌发并逐渐增强，其主要表现是，对外界事物有了自己的认识态度，开始尝试自己做出判断。他们不再无条件地信任老师，而且特别关注老师是否"公平"。

（二）生长点

年级	生长点	目标
三年级	自信和感恩	这一阶段的小学生在心理上处于"动荡"的过渡时期，不听老师话的现象开始出现，班级工作的难度明显加大。此时，老师工作的重点是在学生的"动荡"中仍能赢得学生的信任
四年级	合作和坚持	

三、小学高年级学生特点

（一）身心发展特点

小学高年级学生，即五年级的学生，身体发育再次进入一个高速发展期，被称为第二发展期。此时，他们不仅身高、体重明显增长，而且肌肉骨胳的力量也在迅速增强。在心理方面，他们的智力有很大的发展，逻辑思维开始在思维中占优势，创造思维也有很大的发展；他们对新奇的事物表现出极大的兴趣，如搜集物品、制作玩具、学习某种特长等，但往往见异思迁、朝秦暮楚；他们常常把某些脱离实际的幻想当作将来的人生目标，容易盲目崇拜某些明星；他们独立意识进一步发展，常常认为自己已经长大成人，甚至比大人们还高明，因此爱自作主张，顶撞老师和家长。

（二）生长点

年级	生长点	目标
五年级	传承和期冀	在理解学生的基础上，利用学生要求独立的心理特点，给他们做事的机会，帮他们成功，以此调动他们关心学校、关心班级，为学校、班级做贡献的主动性和积极性

第二节 生长性活动分年级方案

一、一年级生长性活动方案

【生长点】 期待和适应

期待：对未来的未知的某个时刻或者事物产生一种憧憬、向往。对于即将进入小学的大班孩子来说，对未来的小学生活会产生一种憧憬和向往。

适应：在一定环境条件下的生存和延续。从幼儿园到小学，环境有了很大变化，如何在新的环境下生活学习并保持下去，这是准备进入小学一年级学生生长关键点。

小学一年级是孩子接受正规学校教育的初始阶段，是孩子成长的关键转折期。孩子身份也从"孩子"变成"学生"，意味着孩子角色内容的深刻转变。进入小学后不能像在幼儿园里那样以"玩"为主，主要任务转变为"学习"。此外，小学生必须遵守新的行为规范要求，以此来适应小学的生活和学习。主体角色的深刻转变在幼儿内心会形成巨大的心理冲突，部分学生会产生入学适应上的困难。小学一年级作为起点阶段，学生的身心接近学前孩子，对这些孩子的要求不能超负荷，应接近于幼儿园。因此，面对一年级学生，最重要的时间阶段是入学第一个月，也就是我们通常所称的"学习准备期"。这个阶段与孩子关系最密切的两大主体就是学校和家庭，家长也需要和孩子一样，接受"我是小学生家长"的角色转变，加深家长对入学适应的理解，了解这个阶段的孩子内心是充满期待，需要逐步适应的，通过家校共育来综合锻炼与培养孩子的各种能力，以帮助一年级新生顺利度过入学适应困难期。

通过设计新生入学亲子活动、开学第一月的学习准备期活动、学习准备期展示活动及"我是小红星儿童团员"等系列活动,帮助孩子做好角色的转变,从幼儿园小朋友,到小学生,到加入儿童团组织,成长为戴上绿领巾的小苗苗。

【活动方案】

我是小学生啦

一、设计背景

孩子进入小学学习,是人生的第一次转折。为了让一年级小朋友更快地适应小学的学习生活,熟悉校园的环境,同时让新生家长共同参与学校办学目标和明确育人方向,更好地认同学校、支持学校、爱上学校,更好地对孩子进行正确地教育指导工作,为使活动顺利达到预期目标,特制订本方案。

二、活动主题:我是小学生啦

三、活动时间:8月—12月

四、活动对象:一年级学生、教师、家长等

五、活动目的

1. 了解小学生活,熟悉学习规则,熟悉校园、老师、学校场所,逐步适应从幼儿园到小学的转变。

2. 培育爱上学校、爱上老师、爱上同学的情感,对小学校园生活充满憧憬和期待。

3. 以实际行动,做一名合格的一年级小学生,提高环境适应能力,增强自豪感。

六、活动过程

（一）前期准备阶段

1. 成立活动领导小组，制订活动方案，征求教师、家长的意见，对活动方案进行完善，由学校行政会讨论决定。

2. 召开一年级组长、班主任会议，传达方案精神与具体要求。

3. 由大队部发起"入学章""小苗苗章"争章活动，明确入学和入团要求，为活动评价做准备。

4. 利用升旗仪式及"告家长书"，在教师、家长、学生层面进行宣传动员，进一步明确任务和要求，争取各方的支持与配合。

5. 利用微信、QQ、广播、横幅、橱窗等进行宣传，营造浓浓的活动氛围。

（二）活动实施阶段

1. 新生入学前亲子活动

日期	目的	形式	活动内容	地点	负责部门
8月底	签到、统计人数	门口迎接	迎接新生及家长，做好签到手续，并下发学校专用笔记本和笔	校门口	总务处
	初步了解学校文化、学校基本情况以及学校"文雅学生""贤雅家长"标准	整体感知	1. 观看校园宣传视频"向着儒香生长" 2. 校长致欢迎词，介绍学校整体办学情况 3. 分管领导部署"文雅学生""贤雅家长"具体要求 4. 介绍班主任团队，并由班主任引导各班学生和家长有序进入各自班级，开展下一环节活动	报告厅	校长室
	学习入学规则，初步了解小学生活要求	学生训练	1. 编排座位，训练坐、站、听、说能力，自我介绍、才艺展示，初建良好关系 2. 练习排队及文明如厕、文明用餐 3. 参观校园，了解重点场所，熟悉安全通道	各班教室	教导处班主任

(续表)

日期	目的	形式	活动内容	地点	负责部门
8月底	学习入学规则，初步了解小学生活要求	学生训练	（1）任课教师所在办公室 （2）楼层的厕所 （3）专用室 （4）食堂 （5）操场等 4. 介绍每天学习生活流程，做到早睡早起，积极迎接小学生活 5. 训练课间休息、文明游戏、文明交往 6. 培养劳动卫生习惯，值日生要求，个人卫生要求 7. 教育爱护公物教育，保护学校一草一木、一桌一椅、一砖一墙 8. 练习上学与家长告别、进校鞠躬问好、放学路队	各班教室	教导处班主任
	畅谈学校，了解孩子心目中的学校及家长的需求，帮助家长答疑解惑	家长论坛	论坛主题：欢乐起程 共育未来 1. 现场邀请各班家长上台参加即兴论坛 2. 朗诵《牵着蜗牛去旅行》 3. 观看提前录制"学生心目中的学校"短视频 4. 家长分享观看感受 5. 家长畅谈"家长心目中的学校" 6. 学校表达最好的教育是学校、老师、家长、学生自身共同的教育 7. 入学问题困惑现场答疑	报告厅	德育室年级组
	汇报展示	成果展示	1. 家长进教室观摩训练情况 2. 与孩子一起听老师介绍开学要求 3. 添加语、数、英三名老师的联系电话 4. 现场组建微信群，班主任发布微信群建群要求 5. 请家长校门口等候，班主任组织学生排队放学，到校门口展示放学礼仪，活动全部结束	各班教室/校门口	年级组班主任

2. "小学生活真快乐"学习准备期活动(部分)

时间	目的	形式	内容	地点	负责部门
9月	通过绘画活动,让学生爱上学校、爱上教师	美术课	画一画新学校,说一说新老师	美术教室	美术组
	通过心理辅导活动,让学生亲近班级,人际交往和谐	心理课	认一认新班级,交一交新同学	心理教室	心理组
	通过班会活动,让学生憧憬一年级的学习生活,盼望成长为更棒的"小言子"	班会课	一封成长书信,一次未来期盼	班级教室	德育室

3. "我是小学生啦"学习准备期展示活动

时间	目的	形式	内容	地点	负责部门
9月底或10月中旬前	了解晨读情况	进校阅读	家长观摩学生晨读情况	各班级	班主任
	了解学生仪式教育和锻炼情况	升旗展示	观看升旗仪式、观摩广播操	操场	体育组 少先队
	展示教师上课风采,观察学生听课状态,帮助家长进一步了解孩子的校园生活的情况	课堂展示	家长进班听第一、二节课,课堂观摩教师要求: 1. 给每个孩子表现的机会,至少有一次起立展示或发言 2. 给每个孩子赞赏的机会,至少有一张贴纸或肯定语言 3. 课堂形式要丰富多彩,激发每个孩子参与互动 4. 师生关系要温暖融合,让孩子喜欢老师、喜欢课堂 5. 始终加强习惯训练,在课中注意听、讲、坐、写、发言等良好习惯的训练 6. 体现专业素养,注意课堂教学中的教学语言、教学环节、师生互动、组织教学	各班教室	教导处 任课教师

（续表）

时间	目的	形式	内容	地点	负责部门
9月底或10月中旬前	展示一个月来学生成长情况，并全方位寄予孩子更多的鼓励，畅想更美好的明天	综合展示	学习准备期成果汇报议程 1. 欢迎篇：校长致词 2. 回顾篇：一年级学生校园生活视频 3. 展示篇：每个班级节目汇报 4. 未来篇 (1) 心手相牵，邮递未来：家长和学生一起上台寄信 (2) 三位一体，祝福未来：教师、家长、学生代表上台说一句话祝福 (3) 展望未来：全体立正，进行宣誓	报告厅	德育室
	了解食堂配餐、食物营养、学生用餐情况	午餐展示	活动结束，家长观摩学生用餐	学生食堂	总务处

4. "我是小红星啦"儿童团入团仪式活动

时间	目的	形式	内容	地点	负责部门
11月中下旬至12月初	学习小红星儿童团章程，达到"五知四会"的目标，争获"苗苗章"，知道儿童团员的责任和要求，为入团做好准备工作	五知四会，苗苗学本领	1. 结对的四年级小辅导员分批进入一年级各个班级，开展儿童团团课 2. 指导小朋友们使用小红星手册 3. 让每个学生知道小红星儿童团的名称、领导、目标、旗帜、标志；掌握四项本领：呼号、敬团礼、唱团歌、戴绿领巾	各班教室	少先队四年级组一年级组
	通过快乐而又隆重的入团仪式，展示儿童团员健康向上、活泼进取、全面发展的	童心向党，苗苗戴绿领巾入团仪式	1. 大队辅导员宣布小红星儿童团新团员名单 2. 小辅导员授绿领巾，入团前齐诵，佩戴绿领巾，唱绿领巾之歌	报告厅或体育馆等	少先队四年级组一年级组

（续表）

时间	目的	形式	内容	地点	负责部门
	风貌，感受戴上绿领巾的喜悦与自豪，从小学习做人，从小学习立志，从小学习创造，为成为一名光荣的少先队员做好全面准备		3. 出旗、敬儿童团礼、唱团歌 4. 儿童团员代表发言，儿童团长带领宣誓 5. 中队辅导员寄语 6. 授旗、颁发聘书 7. 领导致辞 8. 呼号、退旗，敬礼 9. 宣布结束	报告厅或体育馆等	少先队四年级组一年级组

（三）总结评价阶段

1. 各中队完成总结和情况反馈，年级组整理汇总相关活动资料上交德育室，德育室做好资料检查，并上交学校备案。

2. 开展争章、评章、颁发活动，颁发"入学章""小苗苗章"，评价队员参加活动情况，完成学生成长手册填写。

3. 将相关教师参加活动的情况纳入工作量，并与教职工年度绩效考核相结合。

4. 分批召开家长、教师、学生座谈会，了解活动成效和不足，总结本次活动，积累经验，明确今后工作方向。

七、活动保障

1. 认真组织，积极准备：各部门、各中队要充分认识到活动的重要性，广泛发动，全员参与。

2. 创新方法，注重实效：各中队要坚持以学生为主体、依据学生身心特点和认知能力，切实提高教育活动的针对性和有效性。

二、二年级生长性活动方案

【生长点】 融入和表现

融入：一个人或群组从思想上和形式上融入另一个群组，成为一个更大的群组，更多是指精神层级的融合和接纳。从一年级的逐步适应，进入二年级，学生们在思想上更希望能融入这个组织，从儿童团员成长为一名光荣的少先队员。

表现：指学生外在的、可以观察的行为，如测验的得分、行为举止等。二年级学生希望自己能加入少先队组织，希望能更好地表现自己，展示自己。

中国少年先锋队（简称"少先队"）是中国少年儿童的群众组织，是少年儿童学习共产主义的地方，是建设社会主义和共产主义的预备队。1949 年 10 月 13 日是中国少年先锋队建队日。只有站在少年先锋队队旗下，庄严地宣誓"我是少年先锋队队员，我在队旗下宣誓：我热爱中国共产党，热爱祖国，热爱人民，好好学习，好好锻炼，准备着：为共产主义事业贡献力量！"学生才能从儿童团员，蜕变为一名光荣的少先队员，也意味着真的长大了。

戴上红领巾是每个儿童团员的梦想，他们希望尽快地加入少先队，为了加入组织，他们会积极表现。通过设计"选择队伙伴""设计队标识""承担队岗位"等系列活动，帮助孩子做好角色的转变，加入少先队组织，成长为戴上红领巾的光荣的少先队员。

【活动方案】

我是少先队员啦

一、设计背景

二年级学生已经适应小学校园生活，从一年级的"期待和适应"逐步走向了"融入和表现"。在儿童团员面前的是一个更大的组织，那就是少先队，加入少先队是一件光荣而神圣的大事，使学生更加全面深刻地认识少先队，热爱少先队，学会自尊、自爱、自立、自强，争取做一名合格的少先队员，为使活动顺利达到预期目标，特制订本方案。

二、活动主题：我是少先队员啦

三、活动时间：3月—5月

四、活动对象：二年级学生、教师、家长等

五、活动目的

1. 通过系列活动让学生做好入队前的准备工作。

2. 增强中队凝聚力，形成团结、进取、温暖的中队氛围，使队员感受集体文化，增强少先队荣誉感，提升组织归属意识。

3. 用实际行动感受付出、分享、传递的浓浓之爱，努力践行融入和表现，积蓄团队力量，弘扬新风尚，迎接入队仪式，成为一名光荣的少先队员。

六、活动过程

（一）前期准备阶段

1. 成立活动领导小组，制订活动方案，征求教师、家长、学生代表的意见，对活动方案进行完善，向学校行政会讨论决定。

2. 召开二年级组长、班主任会议，传达方案精神与具体要求。

3. 由大队部发起"爱心章""领巾章"争章活动，明确要求，为活动评价做准备。

4. 利用升旗仪式及"告家长书"在教师、家长、学生层面进行宣传动员，进一步明确任务和要求，争取各方的支持与配合。

5. 利用微信、QQ、广播、横幅、橱窗等进行宣传，营造浓浓的活动氛围。

（二）活动实施阶段

1. 积蓄队力量

时间	目的	形式	内容	地点	负责部门
3月5日左右	结合学雷锋日，发动学生通过废旧电池换书站、红领巾图书置换站、学雷锋爱心义卖站"爱心三站"实践活动，让学生用实际行动感受付出、分享，传递的浓浓之爱，努力践行"融入和表现"，积蓄团队力量，弘扬新风尚，迎接入队仪式，成为一名光荣的少先队员	第一站：废旧电池换书站	1. 了解废旧电池的危害和回收状况 2. 每人收集废旧电池 3. 图书馆设点回收废旧电池 4. 每4节废旧电池换一本图书 5. 如果学生带的电池少，引导几个学生合起来换一本图书，既环保，还可以分享	图书馆	少先队图书馆总务处
		第二站：红领巾图书置换站	1. 每个学生准备2本七成新以上的书上交给班主任 2. 班主任把关，发放给每个学生2张图书交换卡 3. 安排凭交换卡去各班门口摆摊处挑选图书	各班门口	少先队年级组
		第三站：学雷锋爱心义卖站	1. 发出"爱心捐赠·关爱伙伴"的倡议 2. 开设义卖一条街 3. 发动学生捐献二手货物，如图书、文具、玩具等，要求七成新以上，所有义卖商品要求健康、卫生、安全 4. 所得款项由团支部上交到区爱心基金会，为更多的贫困、生病的孩子献上一份爱	义卖一条街	少先队图书馆团支部

2. 做好队准备

时间	目的	形式	内容	地点	负责部门
5月	通过系列的"知识小达人""我是小健将""我是小主人"和"我是小书虫"等少先队课程，让队员们了解队知识，用健康的体魄、小主人的心态、热爱学习的决心来做好成为一名少先队员前的准备工作	活动一：知识小达人	1. 正确佩戴红领巾 2. 唱少先队队歌 3. 行标准的队礼 4. 了解相关的少先队知识 5. 评选"知识小达人"	班级	少先队年级组
		活动二：我是小健将	1. 训练广播体操和跳短绳 2. 进行广操和跳短绳过关赛 3. 评选"小健将达人"	操场	少先队体育组
		活动三：我是小主人	1. 学会做自己的主人，管理好自己的生活起居 2. 开展一次系鞋带比赛 3. 评选"生活小主人"	班级家庭	少先队年级组
		活动四：我是小书虫	1. 开展晨读活动 2. 进行分享阅读心得活动 3. 评选"小书虫达人"	班级	少先队红读组语文组

3. 设计队标识

时间	目的	形式	内容	地点	负责部门
6月	通过设计活动标识，进一步增强中队凝聚力，形成团结、进取、温暖的中队氛围，使队员感受集体文化，增强少先队荣誉目标感，提升组织归属意识	活动一："中队标识"知识大比拼	1. 介绍或展示了解的中队标识 2. 辅导员或队员作点评	班级	少先队年级组
		活动二：自己动手设计中队标识	1. 各小队分别对中队标识的综合海报、中队标志名称、中队口号、中队吉祥物进行讨论 2. 辅导员组织展示 3. 各队员根据组合，自己设计中队标识	班级	少先队年级组
		活动三：中队标识展示	1. 展示设计的中队标识、上门推销 2. 队员谈活动感想 3. 辅导员总结	班级	少先队年级组

4. 承担队岗位

时间	目的	形式	内容	地点	负责部门
6月	展示自己，乐心为中队、队员服务，增强责任感	活动一：说一说	1. 中队里有哪些小岗位 2. 除了学校大队部制定的小岗位，你还能说出其他小岗位吗	班级	少先队年级组
		活动二：试一试	1. 设计一个队岗位，介绍一下 2. 你最想担任哪个小岗位？为什么 3. 如果你担任了，你会怎么做	班级	少先队年级组
		活动三：赛一赛	1. 利用队会课进行小岗位竞选演说 2. 比一比谁最胜任这个小岗位	班级	少先队年级组

（三）总结评价阶段

1. 各中队完成总结和情况反馈及相关活动资料上交大队部，大队部做好资料检查，并上交学校德育室备案。

2. 开展少先队评章、颁章活动，颁发"爱心章""入队章"，评价队员参加活动情况，完成学生成长手册填写。

3. 将相关辅导员参加活动的情况纳入工作量，并与教职工年度绩效考核相结合。

4. 分批召开家长、教师、学生座谈会，了解活动成效和不足，总结本次活动，积累经验，明确今后工作方向。

七、活动保障

1. 认真组织，积极准备：各部门、各中队要充分认识到活动的重要性，广泛发动，全员参与。

2. 创新方法，注重实效：各中队要坚持以学生为主体、依据学生身心特点和认知能力，紧密联系家长，切实提高教育活动的针对性和有效性。

三、三年级生长性活动方案

【生长点】 自信和感恩

自信:指人对自己的个性心理与社会角色进行的一种积极评价的结果。它是一种有能力或采用某种有效手段完成某项任务、解决某个问题的信念。它是心理健康的重要标志之一,也是一个人取得成功必须要具备的一项心理特质。

感恩:感激别人的恩惠和好处。在这里是指领受父母长辈的养育之恩,通过感恩,说明一个人对自己与他人和社会的关系有着正确的认识;通过报恩,在这种正确认识之下产生的一种责任感。

小学中年级阶段是播种"自信"和"感恩"种子的好时机。从低年级过渡到中年级的学生,我们常常见到大部分学生积极、主动、活泼可爱、生机勃勃、充满自信,"我能行"常挂在嘴边,课堂上总是迫不及待地举手回答老师提出的问题。但到了高年级,课上积极主动发言的学生就寥寥无几了,有些学生做事瞻前顾后,胆怯、退缩、缺乏自信心。

同时,三年级也是一个重要的时候,将迎来十岁生日,它意味着正式从童年迈向了少年。抓住这些身心特点,通过设计"我十岁啦"生长性活动方案,让学生感受到了父母对自己真挚的爱,感受到肩上多了一份责任,同时告别美好童年,带着感恩,带着梦想,自信、向上、快乐地成长!

【活动方案】

我十岁啦

一、设计背景

"成童礼"是古代中国教育子女所行的一种礼仪。《礼记·内则》

记载："成童，舞象，学射御。"意为"告别童年，感恩立志"，生命进入少年时代。目的在于"知晓父母养育之恩，学会孝敬父母"。在孩童成长的分化时期，行此礼以养其正，非常重要。适合十岁左右的孩童在过生日或重大节日时举行。对于小学生来说，这是人生中最重要的有纪念意义的日子，甚至不亚于一些传统的节日。

为此，结合三年级学生身心特点设计"我十岁啦"活动，旨在抓住这个重要时机。

在此基础上，结合6月"十岁生日"庆祝活动，让学生进一步体会父母、长辈的辛劳，自己长大了，变得自信了，更要从尊敬父母、孝敬老人做起，做一名自信、快乐、懂得感恩的好少年。

二、活动主题：我十岁啦

三、活动时间：3月—10月

四、活动对象：三年级学生、教师、家长、敬老院老人等

五、活动目的：通过系列活动，让学生以多种形式展示自己的成长，同时表达对老人、对父母、对老师的感恩之情。

六、活动过程

（一）前期准备阶段

1. 成立活动领导小组，制订活动方案，征求教师、家长和学生代表的意见，对活动方案进行完善，向学校行政会讨论决定。

2. 召开三年级组长、班主任会议，传达方案精神与具体要求。

3. 由大队部发起"自信章""感恩章"的征稿活动，明确要求，为活动评价做准备。

4. 利用升旗仪式及"告家长书"在教师、家长、学生层面进行宣传动员，进一步明确任务和要求，争取各方的支持与配合。

（二）活动实施阶段

1. 孝心少年我能行

时间	目的	形式	内容	地点	负责部门
10月	1. 通过了解重阳节的由来及习俗，诵读重阳节诗歌、创编重阳节游戏等，感受、积淀、传承、创新中华民族传统文化 2. 通过搜集重阳节相关信息、观察讨论、游戏互动、绘画创想、编制小报等多种活动方式，培养学生主动探索、合作沟通、明辨是非、运用信息等能力 3. 通过重阳节系列活动，营造浓厚的传统文化氛围，激发学生敬老爱老的真实情感，培养敬老爱老的良好品质，传承中华民族优良传统	闲话重阳	考场论坛 1. 重阳知识小论坛 2. 重阳知识小考场	会议室	少先队
		欢庆重阳	走进学校 1. 重阳节诗歌诵读活动 2. 重阳节游戏创编活动 3. 重阳节学科激活课堂	班级教室	教导处 体育组
			走进家庭 1. 我陪爷爷奶奶说说话 2. 我给爷爷奶奶献祝福 3. 我为爷爷奶奶做件事（打扫一次卫生，送一件重阳小礼物，读一份报纸，做一个重阳糕，玩一个小游戏，等等）	家庭	德育室 家委会
			走进社区 1. 学校德育基地之花圃基地老少共赏菊花 2. 德育基地敬老院庆重阳活动 3. 学校少年宫庆重阳活动	社区	少宫办
		畅想重阳	重阳节敬老创想绘画	美术教室	美术组
		汇报展示	成果展示 1. 班级汇报展示——主题班会 2. 校级汇报展示——校园集会 a. 版面展示 b. 全校经典诵读 c. 全校游戏登高 d. 表彰活动优秀集体和个人 e. 评选出十佳敬老好少年称号学生	报告厅和操场	德育室

附1

"农历下的天空"系列活动
——"诵经典 话重阳 争做敬老好少年"
知识小考场

班级（　　　　）姓名（　　　　）得分（　　　　）

一、填空题：每题 2 分，共 36 分。

1. 重阳节又称_____。在这一天，人们登高望远，思念亲人。正如诗中所说："_____"。

2. 我国古代把九叫做"阳数"，农历_____月_____日，两九相重，都是阳数，因此称为"_____"。

3. 重阳佳节，活动丰富，情趣盎然，有_____、_____、_____等（举3个）。

4. 在古代，民间在重阳有登高的风俗，故重阳节又叫"_____"。诗人_____的七律《登高》，就是写重阳登高的名篇。

5. 重阳节正是一年的金秋时节，菊花盛开，据传赏菊及饮菊花酒，起源于晋朝大诗人_____。

6. 重阳节插茱萸的风俗，在唐代就已经很普遍。古人认为在重阳节这一天插茱萸可以_____。

7. 新中国成立后，重阳节的活动充实了新的内容。_____年，我国重阳节定为_____。等到这一日，各地都要组织_____登山秋游，开阔视野，交流感情，锻炼身体，培养人们回归自然、热爱祖国大好山河的高尚品德。

8. 你还知道哪些是传统节日？有_____、_____、_____等（举3个）。

二、请写出一首关于重阳节的诗歌或童谣，共 20 分。

三、设计一次"我与爷爷奶奶过重阳"活动，共 30 分。

"我与爷爷奶奶过重阳"活动设计单

活动时间		活动地点	
参加对象			
活动目标			
活动准备			
具体过程			
预期效果			

四、如果现在让你去敬老院与里面的爷爷奶奶一起欢度重阳，你觉得里面爷爷奶奶最需要的是什么？你会怎么做？共 14 分。

附2

"农历下的天空"系列活动
——"敬老好少年"主题教育活动评价表

班级		姓名	
	活动内容	活动评价	
1	知道重阳节 1~3 个习俗		
2	会背 1~3 首重阳诗歌或童谣		
3	会玩 1~3 个重阳节小游戏		
4	完成 1 张重阳节绘画或 1 张重阳节小报		
5	给爷爷奶奶说 1~3 句敬老话		
6	为爷爷奶奶做 1~3 件力所能及的事		
7	参加 1~3 次校级敬老行动		
8	知道除重阳节外的 1~3 个传统节日		
学生互评			
家长点评			
班主任评价			

2. 十岁生日齐庆祝

日期	目的	主题	内容	地点	负责部门
3月	1. 丰富学生的成长经历，进一步融洽师生、同学感情 2. 通过成长过程各种资料的搜索、整理，让学生重温平凡而又伟大的亲情 3. 通过本次活动，使学生了解父母的辛苦，懂得父母的无私、伟大，让学生真正理解父母的爱，珍惜父母的爱 4. 以实际行动报答父母，激发学生爱父母和尊敬父母，进一步加深与父母的感情	第一版块：成长的足迹	1. 用媒体介绍自己的童年趣事 2. 让同学们猜猜：猜猜我是谁	报告厅或教室	德育室年级组家委会
		第二版块：感恩的心	1. 全场齐唱《感恩的心》，感谢父母、老师 2. 班主任发言：肯定成长中的进步，提出希望要求 3. 读家信：把家长提前给孩子写的信分发给学生，学生拆开当场自读 4. 邀请家长代表发言		
		第三版块：我在长大	1. 学生自由表演自己的才艺，如唱歌、乐器、相声、朗诵等 2. 学生代表5人以"我十岁啦"为题，畅谈自己的理想		
		第四版块：欢乐同庆	1. 全场学生起立，进行答谢：感谢父母、感谢老师 2. 教师把十岁生日蛋糕推到中间，班级师生、家长唱响《生日快乐歌》 3. 班主任分蛋糕 4. 一起品尝蛋糕		

（三）活动总结评价阶段

1. 各中队完成总结和情况反馈及相关活动资料上交大队部，大队部做好资料检查，并上交学校德育室备案。

2. 开展少先队争章、评章、颁发活动，颁发"感恩章""自信章"，评价队员参加活动情况，完成学生成长手册填写。

3. 将相关辅导员参加活动的情况纳入工作量，并与教职工年度绩效考核相结合。

4. 分批召开家长、教师、学生座谈会，了解活动成效和不足，总结本次活动，积累经验，明确今后工作方向。

七、活动要求

1. 精心设计、周密组织、广泛宣传，大力弘扬感恩、孝心的传统美德。

2. 各科教师要结合自己的学科，深入挖掘尊老、爱老相关内容，有意识地进行学科融合。

3. 各个部门及全体教师要根据活动安排，扎扎实实地开展好每一项活动，并在开展的活动中，关注老人身心特点，活动适当，注意安全。

四、四年级生长性活动方案

【生长点】 合作和坚持

合作：指个人与个人、群体与群体之间为达到共同目的，彼此相互配合的一种联合行动、方式。

坚持：指意志坚强，坚韧不拔。持即持久，有耐性，不改变不动摇，始终如一。坚持也是有毅力的一种表现。

四年级在小学教育中正好处在从低年级向高年级的过渡期，开始转变思想方法，从过去笼统的印象转变为具体的分析，偏重对自己喜欢的事物进行分析。生理心理学研究表明，学习是一项艰苦的脑力劳动。四年级学生，由于学习竞争加剧，开始从被动的学习主体向主动的学习主体转变，知识增长速度明显加快。同时，也开始意识到自己的思维形式向抽象思维过渡，逐渐有了自己的独立意识，有一点叛逆。随着学习负担逐渐加重，部分学生会产生抑郁、烦躁、信心不足、记忆力减退、注意力难以集中、思维迟缓等现象。由于目前的小学生绝大多数为独生子女，他们在家庭中交往的对象多为成人，常常生活在"以自我为中心"的"顺境"下，碰到学业压力，遇到困难，缺乏有效应对的自信心。

通过设计"我的游戏我做主""友谊结对我能行"等系列活动，帮助学生在游戏中学会合作，在友谊结对中学做小小辅导员，牵手关爱行，互助共成长。

【活动方案】

我是小小辅导员

一、设计背景

进入四年级，学生更加注重合作和坚持，通过游戏和结对仪式，让学生在游戏中学习规则意识、合作意识、创新意识，在结对仪式中明确带领儿童团是少先队员的责任，要带领弟弟妹妹快速成长，同时体验给予和辅导的快乐，提升队员的光荣感和使命感，为使活动顺利达到预期目标，特制订本方案。

二、活动主题：我是小小辅导员

三、活动时间：11月、3月

四、活动对象：四年级学生/四年级和一年级学生等

五、活动目的：通过设计"我的游戏我做主""友谊结对我能行"等系列活动，帮助学生在游戏中学会合作，在友谊结对中学做小辅导员，牵手关爱行，互助共成长。

六、活动过程

（一）前期准备阶段

1. 成立活动领导小组，制订活动方案，征求教师、家长、学生代

表的意见,对活动方案进行完善,向学校行政会讨论决定。

2. 召开四年级组长、班主任会议,传达方案精神与具体要求。

3. 由大队部发起"合作章""向日葵章""小小辅导员章"争章活动,明确要求,为活动评价做准备。

4. 利用升旗仪式及"告家长书"在教师、家长、学生层面进行宣传动员,进一步明确任务和要求,争取各方的支持与配合。

(二)活动实施阶段

活动一:我的游戏我做主

活动分目标:通过游戏的创编、争游戏章等,培养学生创新的意识和实践的能力,丰富学生的课余生活,引导学生学会在闲暇时间文明休息、文明游戏,在游戏中学会合作、学会分享,并从中感受快乐,在游戏中健康成长。

活动具体内容:

1. 游戏节准备前期

(1)制定方案:由德育组、教导处牵头组织召开红领巾游戏节筹备会,并制定游戏节活动方案。

(2)游戏章设计:由德育组、少先队、体育组、美术组联合制定游戏节章目,确定游戏节共设3枚小型章,分别为"参与章""合作章""创编章"。

游戏章目	目标要求	征集方法
参与章	能积极参加游戏节各类游戏,在游戏活动中感受游戏快乐。每个游戏项目能参与6个以上	以上征集材料每班上交3份,用A4纸绘画或电脑绘制打印
合作章	能积极参加游戏节各类游戏,在游戏活动中感受团结的快乐。参与6个以上团体游戏	
创编章	能积极参加游戏节各类游戏,并能自行设计一款新颖游戏,受到同学们的喜爱。设计一款新游戏,并带领同学一起玩,达6轮次以上,并得到6名学生签名	

（3）游戏节护照设计：由美术组设计游戏节护照，体现学生参与游戏、合作游戏、创编游戏等内容及争章情况。

2. 征集游戏阶段

德育组向各班学生发出游戏征集的倡议：征集游戏设计、活动徽标设计、游戏口号设计，以原创为主，充分发挥学生的智慧和创造力，设计具有时代气息的健康、安全、文明的创意游戏；也可以发掘传统游戏形式，通过向父母、师长、亲朋了解、征集他们童年时代流行的游戏，使新生代的队员能感受民族传统游戏无穷的乐趣和神奇的魅力，在游戏中架起几代人沟通的桥梁。

（1）游戏征集要求

本次游戏节征集的游戏以益智类、运动类、动作类为主，征集的项目有以下三项。

游戏类别	具体要求	征集方法
课间游戏	对于场地、器材、参加人员没有很大限制，可以便于同学们在课间10分钟内因地制宜地开展游戏	以上征集材料每班上交3份，用A4纸书写或打印
课余游戏	包括适合在午间活动、放学后、双休日的游戏，可以对场地、器材、人数等提出一定要求	
传统游戏	挖掘本地区传统的、适宜队员在闲暇时间开展的各类游戏	

（2）活动徽标设计要求：设计作品为彩色效果图，以A4图画纸提交，并填写好作品设计介绍，说明设计思路、理念等。

（3）游戏口号设计要求：口号要求有时代气息，富有美感，朗朗上口，易于记忆，利于传播。具有较强的感染力、号召力、亲和力，符合学生对文明快乐游戏的心理期望与快乐童年追求，更能体现自信和合作的理念。

3. 班级快乐游戏 PK 赛

各班在游戏征集的基础上利用班队活动课进行快乐游戏 PK 赛，最后各班挑选每一类中最好玩、最有创意的游戏 2~3 个，申报参加年级组展示，并把挑选出来的游戏分别填入"最佳游戏设计表"，上交到德育组。

4. "快乐活动广场"游戏大展示阶段

展示类型	展示要求
班级展示	各班安排课外活动时间将各班申报上来的游戏进行展示，评出同学们最喜欢的游戏若干个
年级展示	将在展示中脱颖而出的游戏，在全校同学面前进行展示，最后评出"十佳"游戏奖项。大队部对于优秀的游戏进行各种渠道的宣传
游戏广场	将评选出的"十佳"游戏进行半日展示，每个学生下发游戏节护照，参与其中，组委会根据参与游戏情况进行争游戏章活动

5. 红领巾游戏推广汇编阶段

（1）评奖：评选出"十佳"课间、课余、传统游戏；颁发若干"参与章""合作章""创编章"；评选出若干游戏节快乐天使。

（2）推广：积极组织开展"红领巾游戏推广活动"，可以在闲暇时间玩从其他班级学到的游戏，也可以玩本班级设计的游戏，将游戏真正融入学生的学习、生活中去。

活动二：友谊结对我能行

活动分目标：以少先队组织教育和小学生行规教育为抓手，搭建红绿领巾友谊中队结对平台，积极发挥中队辅导员和小辅导员的合力，进一步增强组织意识、光荣感和责任感，明确成长目标，更好地培养队员对党和社会主义祖国的朴素感情，引导队员继承和弘扬少先队的光荣传统，在飘扬的队旗下快乐学习，七彩成长。

活动具体内容：

日期	主题	形式	内容	地点	负责部门
3月	第一篇章 童心向党 手手相牵	热身引出	宣布集会开始、出旗、唱队歌 1. 开场舞《党是阳光我是花》 2. 介绍"向日葵争章活动" 3. 颁发"向日葵章"	报告厅或体育馆	少先队音乐组
	第二篇章 心心相连 共同成长	结对仪式	1. 认识"小小辅导员章" 2. 红绿领巾结对仪式 3. 快板：《小辅导 大作用》 4. 小辅导员正式受聘仪式 （1）颁发小辅导员聘书 （2）大队长带领小辅导员宣誓	报告厅或体育馆	少先队年级组
	第三篇章 红绿领巾 亮亮风采	互动展示	1. 友谊中队互动展示 2. 党、团、队三级组织代表寄语 3. 呼号 4. 宣布集会结束、退旗	报告厅或体育馆	少先队年级组

（三）活动总结评价阶段

1. 各中队完成总结和情况反馈及相关活动资料上交大队部，大队部做好资料检查，并上交学校德育室备案。

2. 开展少先队争章、评章、颁发活动，颁发"合作章""向日葵章""小小辅导员章"，评价队员参加活动情况，完成学生成长手册填写。

3. 将相关辅导员参加活动的情况纳入工作量，并与教职工年度绩效考核相结合。

4. 分批召开家长、教师、学生座谈会，了解活动成效和不足，总结本次活动，积累经验，明确今后工作方向。

七、活动要求

1. 精心设计，周密组织，广泛宣传，积极培育合作、坚持的品行。

2. 各科教师要结合自己的学科，深入挖掘各学科游戏，有意识地在学科中培养合作精神。

3. 各个部门及全体教师要根据活动安排，扎扎实实地开展好每一项活动，并在开展的活动中，关注小辅导员要求，活动适当，注意安全。

五、五年级生长性活动方案

【生长点】 传承和期冀

传承：泛指对某某学问、技艺、教义等，在师徒间的传授和继承的过程。

期冀：是对某种事物的期待与向往。

小学五年级毕业班的学生是具有一定特殊的群体，他们处于十二三岁的年级，即将告别熟悉的小学生活，迈向陌生的中学校园。从少年期向青年期过渡，他们在生理和心理上都发生了明显的变化。他们对小学母校怀有特殊的情感，在这些学生身上会有着母校的特质和母校办学理念的烙印。

中国是历史悠久的文明古国，我们勤劳、智慧的祖先，创造了瑰丽多彩、蔚为大观的非物质文化遗产。生涯启蒙教育是学生成长的重要基石。以"非遗"项目为载体的生涯启蒙教育，能让学生在学习"非遗"的过程中了解"非遗"知识，传播中华优秀传统文化。

小学阶段是学生人生观、价值观初步形成阶段，也是职业生涯发展的早期阶段。毕业班是小学最高年级，被学校寄予厚望。以思言小学为例。作为一所致力于传承优秀传统文化的学校，思言小学有责任让学生亲近"非遗"，领略传统文化的博大精深，感受"非遗"文化的独特魅力，体验"非遗"背后先辈们的匠心精神和创造精神，从而传承中华优秀传统文化。抓住"非遗"这个载体，在传承内容、组织形式、评价方式等方面继续不断完善，从全员、全方位、全过程的角度形成学生职业生涯启蒙教育课程体系，助推学生成长。

通过设计"我是非遗传习人""开启人生新阶段毕业季课程""我们毕业啦"等系列活动，让学生秉承学校办学思想和育人理念，做一名继承和弘扬、创新优秀传统文化的学生，同时通过回顾学校五年生活，带着母校的关爱和支持，向更远的学习之路前进，也标志着整个小学五年学习生活圆满结束！

【活动方案】

我是文化传承人

一、活动设计

通过五年的学习生活，学生无论在思想上还是学业上都有了一定的长进，同学间、师生间彼此产生了较深厚的感情，在毕业前夕，围绕"我毕业啦"这一主题，开展"文化传承活动"和"毕业庆典"，不但符合学生心理和生活需求，而且能激发学生内心深处对即将离开母校的不舍，珍惜在母校的最后时光，为五年的学习生活画上一个圆满的句号；有效地激活学生内心深处的情感，提高他们热爱学校文化、热爱老师、热爱同学的认识，争做优秀毕业生。

二、活动主题：我是文化传承人

三、活动时间：3月—5月

四、活动对象：五年级学生、教师、家长等

五、活动目的

1. 通过走进"二十四节气"，增强对节气传统文化的亲切情感与认同感，引导学生知晓祖国优秀传统文化的常识并会实际运用。

2. 开展形式多样、丰富多彩的"非遗"教育传承活动，激发学生的学习兴趣和求知欲，拓宽学生视野，锻炼学生能力，让学生在课外获得在课堂教学中无法获得的深切体验，促进学校文化建设。

3. 以"向着儒香生长"育人理念，以丰富的"毕业季课程"，精心呵护自己孕育的"小言子"们，让每一名鲲鹏学子走向社会，顺势起航，御风飞翔！汲取满满校园爱的力量，带着"思言"梦想，向更美好的远方前行。

六、活动过程

（一）活动筹备启动阶段

1. 成立活动领导小组，由德育组、教导处牵头组织召开"非遗"传习人筹备会，制订活动方案，征求教师、家长、学生代表的意见，对活动方案进行完善，由学校行政会讨论决定。

2. 召开各类会议，传达方案精神，部署具体要求。

3. 设计章目：由德育组、少先队、体育组、美术组联合制定"非遗"文化节章目，确定"非遗"文化节共设1+4枚章，分别为"非遗小习人章""春风章""清明章""谷雨章""立夏章"。

4. 利用多种形式进行宣传动员，明确任务和要求，争取各方的支持与配合。

（二）活动具体实施阶段

活动一：我是"非遗"传习人

1. 节气浸润篇

时间	形式	内容	要求	地点	负责部门
3月	走进圣贤：正衣冠立大志	组织师生参观言子像、参观言子学堂；了解言子事迹；与圣贤拍张集体照	正衣冠，立大志，拜圣贤	言子像/言子学堂	校长室、德育室、大队部
3月	走进节气：依从节气自然生长	走进节气，了解节气；吟诵节气诗歌、童谣	以班级为单位开展班班节气歌比赛，表演形式不限、道具、音乐自选，时间控制在3分钟内	班级	教导处、语言文字、语文教师等
3月	展示节气：在二十四节气天空下自然生长	走进二十四节气阶段成果汇报	课堂展示、节气歌、童谣、绘画等展示	报告厅	教导处、德育室、大队部、年级组、班主任、"红读"指导员

2. 文化寻访行

时间	形式	内容	要求	地点	负责部门
4月	非遗探寻	访问"非遗"传人	组织学生访问"非遗"传人，进行社会调查	社区	校长室、德育室、大队部
4月	非遗收集	收集奉贤地区的"非遗"文化物品	收集奉贤地区的"非遗"文化物品、民风民俗照片以及探寻背后的故事，并在学校中成立"贤文化小小研究室"，将寻访收集到的物品、照片等放在"一家亲"展览馆里展示	一家亲展示馆	教导处、语言文字、语文教师等
4月	非遗宣传	开展"非遗"文化宣讲活动	组织学生们化身为小小解说员，为前来参观的师生、嘉宾讲述"非遗"知识及老物件背后的故事和历史	一家亲展示馆等	教导处、德育室、大队部、年级组、班主任、"红读"指导员

3."非遗"体验周

时间	形式	内容	要求	地点	负责部门
5月	设摊	根据"非遗"体验内容,设置不同的"非遗"摊位	1. 校长室邀请"非遗"传人; 2. 学校德育室设计"非遗"体验周课程 3. 总务处进行"非遗"项目设摊并进行文化布置	校园	校长室、德育室、总务处
	设计"非遗"体验单	设计"非遗"体验单	德育室根据"非遗"项目设计"非遗"体验单,设立了"'非遗'小习人章",每名学生下发一张,体验后进行盖章	班级	教导处、语言文字、语文教师等
	评价	进行"非遗"体验评价	进行"非遗"文化项目后,根据评价单进行自我评价,并到大队部领取非遗章	大队部	教导处、德育室、大队部、年级组、班主任、"红读"指导员

附1

"我做'非遗'小习人"学习体验单

班　级		姓　名	
体验内容	请在"非遗"文化项目体验后,在圆圈处盖章		
"非遗"文化体验项目	盖章处		
个人评价	请用涂星的方式,给自己评价,最多为五颗星		

附2

"我做'非遗'小习人"学习评价单

班　　级					
姓　　名					
评价要求	请在"非遗"文化体目体验之后进行评价				
我的心情指数	☆　☆　☆　☆　☆				
我的参与指数	☆　☆　☆　☆　☆				
我的收获指数	☆　☆　☆　☆　☆				
他人评价	同伴评价：优秀□　良好□　合格□　须努力□				
	家长评价：优秀□　良好□　合格□　须努力□				
	教师评价：优秀□　良好□　合格□　须努力□				
我最喜欢的"非遗"职业介绍					

活动二：开启人生新阶段毕业季课程

日期	目的	主题	内容	地点	负责部门
6月	通过重温学校文化，让学生再次感受校园生活的点滴，体会校园生活的美好，也为自己是儒香校园一员而自豪骄傲	开启人生新阶段之汇思课程	1. 微讲座："儒香的校园　美丽的家园"校园文化建设讲座 2. "校园文化我知晓"小考场：通过小组合作，参观校园、寻访校园景点、完成校园文化知识答卷等	学校报告厅	德育室少先队
	通过参观家乡景观，再次感受家乡环境优美、生活便利、经济发展，对做一个奉贤人而感到自豪骄傲	开启人生新阶段之行知课程	第一站：奉贤新城展示馆 通过观看视频、导游介绍、版面观看、互动体验等，了解奉贤新城全面启动建设，发生的翻天覆地变化	奉贤新城展示馆	德育室镇社会实践站

(续表)

日期	目的	主题	内容	地点	负责部门
6月			第二站：上海之鱼、奉贤博物馆 知道"上海之鱼"是了解奉贤新城的景观中心，也是奉贤新城的城市客厅。奉贤博物馆配备了奉贤历史陈列厅和海塘文化陈列厅两个常设展厅，以及两个临时展厅，通过参观来学习、传承发扬中华优秀传统文化，说好奉贤历史，讲好贤文化故事	上海之鱼、奉贤博物馆	德育室镇社会实践站
	通过随手拍学习和拍摄，再次加深学生对母校的记忆，激发就算毕业了，也要铭记思言人的精神，带着儒香走向未来，把母校情和优秀传统文化传播得更远	开启人生新阶段之修远课程	1. 开展校园随手拍摄影培训，邀请区摄影家协会专家给学生授课 2. 邀请学生和家长一起来到校园，寻找校园印象最深一个地方，拍照留念	报告厅、校园	德育室摄影组

活动三：我们毕业啦

活动分目标：增进毕业班学生热爱学校、热爱家乡、热爱祖国的情感，促进学生间的团结合作，让孩子们懂得心怀感激、学会感恩，激发学生向更高层次的学习之路前行的坚定信心，勇于攀登。

活动具体内容：

日期	主题	形式	内容	负责部门
6月	回顾篇	志学礼	1. 开场视频：《童年记忆》 2. 校长致辞 3. 宣读毕业生名单，颁发毕业证书 4. 拨穗仪式，毕业生行"志学礼"，依次击鼓明志，学校班子领导颁发毕业证书，为学生戴博士帽并拨穗 5. 表彰优秀毕业生	少先队音乐组

(续表)

日期	主题	形式	内容	负责部门
6月	感恩篇	毕业祝福	1. 合唱《送别》 2. 毕业生代表抒感谢词，为毕业班教师赠送花束 3. 教师"点滴寄语" 4. 家长代表发言 5. 赠送毕业礼物	少先队 年级组
	展望篇	汇演留念	1. 各中队个人或集体进行节目展示 2. 学生诗朗诵《今天，我们毕业了》 3. 合唱校歌《向着儒香生长》 4. 择校园景点，拍照留影	各班级 年级组 音乐组

（三）活动总结表彰阶段

1. 各班、各条线完成总结和情况反馈，年级组和各部门整理汇总相关活动资料上交德育室，德育室做好资料检查，并上交学校备案。

2. 开展少先队争章、评章、颁章活动，颁发各类小言子"非遗"特色章，评价队员参加活动情况，完成学生成长手册填写。

七、活动保障

1. 认真组织，积极准备：各部门、各中队要充分认识到活动的重要性，广泛发动，全员参与。

2. 加强整合，注重实效：各部门和各班级，要整合各条线工作，切实提高教育活动的针对性和有效性。

3. 广泛宣传，加大影响：各部门、各班，通过校园网、家校QQ平台、微信平台等，及时颁布活动信息，加强宣传力度，加大多方支持力度，确保活动顺利开展。

第三章 基于心理学的生长性活动案例

第一节 基于心理学的生长性学生活动案例

一、学会接纳

【心理学小知识】

每个成人回忆小时候的情景,或多或少都经历过心理的独白:

我长得不好看。

我声音不好听。

我特别害怕检查视力,我怕别人看出来我视力不好。

我不敢举手,害怕站起来的时候,别人会看着我。我害怕成为目光的焦点。

我害怕和别人不一样。

每个人都想做更好的自己,但总是盯着自己的缺点不放,会看低自己,会失去自信。还有些人,因为身体的某些缺陷,更加自卑,需要他人更多的力量去帮助他,同时提高自我认识的能力,学会接纳自己,接纳他人,树立信心。

什么是接纳?接纳是人们在理解自身或他人的优点和缺点的前提下,依然能对整体感到满意。接纳包括自我接纳和对他人或外界的接纳。心理学家马斯诺认为,一个健康的人应该能做到接纳自己与人类的天性，不为此懊恼或抱怨。就像"一个人不会抱怨水为什么是湿的，或石头为什么是硬的"。

那么如何做到自我接纳？

1. 能力、实力有助于接纳：一个人的能力越强，对很多东西，越是不在乎，越是能够接受。

2. 清楚客观事实真相有助于接纳：一个人的脑海里，可能会有一些"想当然""一厢情愿"的想法，其实它们不少是违背了客观事实的。

3. 知识经验有助于接纳：随着对客观现实的认识增多、增强，从而放弃了成长中留下的误区、认知偏差等。

4. 自信心有助于接纳：外界的一切，别人对自己的评价看法，别人的成功等，对自信心强的人干扰会少得多。

5. 积极思维有助于接纳：现状即使无法改变，但是积极思维可以给予心灵希望，如"虽然我的症状现在很严重，但是我已经走在了解决问题的正确道路上，我相信一切会越来越好"。那么，眼前的痛苦，也就容易去接受了。

一个人在当下对某些事难以做到接纳，说明有些方面需要提升和成长，内在的心结要化解，故不必强求，刻意去要求自己接纳一切——而是"接纳我就是现在这个样子"，这是"接纳原则"的核心。

另外，成长过程中不被父母接纳的孩子，长大后更难接纳自己和他人。在人生道路上，可能每个人都会遇到一些质疑、困难，也会有怀疑和犹豫，但保持坚定和成长，要有宽广的胸襟，接纳真诚；要关心爱护他人，不计较个人得失；要掌握一定的技巧，不随意冲撞他人；要注意倾听，尊重他人；要沟通交流，学习他人长处；要努力开阔视野，创造和谐环境。

【辅导案例】

你是来自人间的天使
——一个自卑内向的小学生的人际交往辅导案例

一、来访者基本情况

小杨同学,男,10岁,一所外来进城务工随迁子女学校二年级学生。心理辅导教师:施老师,辅导次数:6次。

该同学是施老师在上心理辅导活动课上观察到的,性格内向,身体有些缺陷,在听到"小刺猬因为有刺没有朋友后"一直哭泣。之后,施老师将其带到心理咨询室进行沟通。

二、来访者自述

我的爸爸妈妈都是在这里打工的,家里还有一个弟弟、一个妹妹,没有人关心我。我在老家读了一年级,又过来重读了一年级,比其他同学年龄大,因身体后背有个突起物,害怕同学们说我,平时我都缩在一旁,上课都不敢看黑板,学习成绩不好。生活中没有一个朋友,我感到很自卑,很孤单。

三、评估与诊断

(一)诊断依据

经过对小杨同学心理状态的全面分析,确诊为他的问题属于一般心理问题,因生理缺陷而缺乏信心、产生自卑,又因家长缺乏支持力度,在不知不觉中形成了软弱、胆怯的个性,加之害怕被人讥笑,失去了与同伴交往的机会。

(二)鉴别诊断

虽然小杨同学身上表现出各种焦虑、恐惧和抑郁症状,但并不符合其中任何一个病症的诊断标准,因此可以排除器质性病变、精神病、神经症性等严重心理疾病。但小杨同学所遇到的心理状态又有一定的人格因素，因为在跟他交往中，发现他是个比较敏感、自卑内向的人。既渴望交流沟通，又害怕被轻视而不敢跨出一步。

四、咨询目标的制定

根据以上的评估和诊断，同求助者进行协商，确定如下咨询目标。

1. 近期目标：取得家长支持和同伴、班主任鼓励，帮助小杨同学走出自卑的阴影，克服害怕沟通交流的情绪，重新投入学习和生活当中，防止心理问题进一步恶化。

2. 最终目标：引导小杨同学正确认识到自身缺陷不是他的错，正视现状，挖掘优势，强化自信，获得心理的强大。

五、咨询方案的制定

多数身体残疾的孩子都能在家长和老师的悉心关照和教育下健康地成长，但小杨同学因缺乏成功的体验、父母的不正确态度及自身性格缺陷等而产生强烈的自卑、封闭心理，影响到正常学习和生活。因此本辅导方案的重点在于帮助小杨同学正确认识自身身体情况，能正视现状，挖掘优势，获得心理的强大。所以本辅导方案运用的方法主要有：支持性疗法、家庭治疗法、故事疗法、团体辅导法等。

六、咨询过程和策略

（一）第一阶段，咨询关系的建立和多方诊断评估

任务：建立咨访关系、了解多方态度

过程：因之前和小杨同学有过一次沟通，对他情况有了初步的了解，这次的咨询特邀了小杨同学的爸爸妈妈，想和家长进行一次沟通。施老师向小杨妈妈告知保密性原则后，和她建立了良好的关系，得到了她的信任，也进行了更深入的交谈。

通过谈话，从侧面了解了孩子性格形成的原因之一。小杨同学母亲自身长相比较好，小杨同学是她的第一个孩子，也对他充满了希望，但当看到孩子后背就心凉了一半，将孩子的生理缺陷视为自己的过错，怀有负疚心理，因此小时候特别宠他，但后来时间一长，觉得是种负担，认为有个有生理缺陷孩子是件没面子的事。特别是读一年级后，孩子成绩又不好，平时让他自己上学，回家后也让他待在家里，以躲避别人的讥笑。通过交流，小杨母亲意识到自己对待孩子的态度直接影响了孩子的性格。

此外，小杨同学认为是因为身体有缺陷同学们才瞧不起他，所以他不敢和同学们交流，害怕他们欺负他，嘲笑他。为此，特邀了小杨几个同学进行座谈。施老师了解到同学们对小杨的评价比较客观，大家并没提到小杨的驼背和同学交往之间有什么关系。施老师还和班主任老师进行了沟通，感觉到班主任对于小杨还是比较回避的，不是因为讨厌，而是怕和他多沟通，会让他受到更多的伤害。

通过从来访者侧面生活资料的收集让施老师对个案的处理多了一份自信。

（二）第二阶段，心理支持，走出困境

任务1：家庭治疗，取得家长支持。

过程：再次邀请全家进行家庭心理辅导，了解个人在家庭中所扮演的角色与功能，促进彼此间交互反应关系，改善家庭当前的交互难题。

通过辅导，小杨父母明白了要以乐观的情绪、正确的态度看待这个孩子，明白就算无法改变他已有的生理缺陷，但可以帮助孩子摆脱痛苦、失意的情绪，给以精神的支持。让孩子体会到父母在爱护他，弟弟妹妹尊重他，他是家庭重要的一个成员，让孩子知道把头抬起来，把手伸向别人是勇敢的表现。

布置家长作业：

（1）家长和孩子聊天1次，让孩子做好接受失败的心理准备，教孩子懂得生活中失败是常有的事，任何人都会遇到挫折，但家人会一起和他面对。

（2）家长陪伴孩子参加1次学校亲子活动，鼓励他每次都积极参加，参加不是为了名次，而是在参与过程中获得愉悦的心情。

（3）家长每周给孩子讲1个电视、小说、现实生活中的有关残疾人战胜生理缺陷的故事，要求讲时要轻松、幽默风趣，借助榜样的力量，帮助他逐渐鼓起勇气。

（4）让家长发现孩子的1个优势并加以培养，在优势方面使其获取成就感，增加愉悦的情绪体验，逐渐树立自信。

任务2：班级心理团辅，取得同伴支持。

过程：班级心理团辅实录摘要

采用心理叙事故事引入：小刺猬长大了，它特别爱唱歌，朋友们都夸小刺猬歌唱得好。在刺猬爸爸妈妈的支持下，小刺猬想去参加第一年的森林音乐会。后来因为大赛的裁判大象先生说它太丑了，不适合登台演出，被取消了参赛资格。再到第二年，大赛又开始了，小刺猬并没有灰心，继续参加了比赛。在治学严谨的猫头鹰裁判的鼓励下，使出全部本领，忘我地歌唱，却因为猫头鹰不小心被小刺猬的刺狠狠扎了一下后很恼怒，有意疏远小刺猬，又落选了。最后在刺猬爸爸妈妈的鼓励下，它尽力发挥优点，克服缺点，更加勤奋的练习。第三年小刺猬在每根刺上插一个或红或绿的小枣，脖子上系一条红飘带，不慌不忙唱，歌声饱满悠扬。台上台下掌声一片。大象和猫头鹰裁判都给了最高分。小刺猬最后终于获得成功。

施老师说:"故事中的小刺猬,虽然有身体和别人不同,但它克服了缺点,发挥优点,取得了最后成功。同学们,你们有哪些优点呢?下面老师发给每个同学一张小纸条,请大家想一想,写一写。看看谁的本领最多。"(同学们开始认真写了起来,写好后,由小干部交上来)

"接下来,老师随意抽几张,把同学们写的读一下,请大家听清楚,并猜一猜,这么棒的同学是我们班级中的谁?"施老师从第六组开始选起。同学们认真地猜着,教室里一片沸腾。猜中的同学很高兴,被猜的同学也很骄傲,大家向他们拍手鼓掌。轮到小杨同学那组了,施老师故意抽中他的那张。

"我能打水,写字,画画,学习,看电视……"施老师一个字一个字清楚地读着,下面的字是用拼音写着:"ben zu 老师,ben zu 同学……"。

突然,小杨同学举手说:"老师,你读错了,是帮助老师,帮助同学。"

能主动举手,是多么不容易呀,施老师内心一笑:"嗯,谢谢小杨提醒,是老师读得不对。老师再读一遍。"读完后,同学们开始猜了,猜了几回,都没猜中小杨同学,小杨同学有点急了。

突然,第二组最后一个男同学指着小杨同学说道:"是杨××同学。"小杨同学不好意思地笑了。可是突然有个同学嚷道:"他不是这样子的。他没那么好的。"杨同学一听急得想辩解,可声音轻轻的,听不清楚,脸涨得红红的,险些要哭了起来。

面对这个突发情况,施老师给了他一个肯定的微笑,说道:"同学们,我们先不要下结论,每个人都有优点与缺点,小杨同学到底是不是这样子,不是一个人说了算的,他说能帮助同学,帮助老师,我看看，我们一起来举些帮助他人的例子，老师有小奖品。"

一下子，好多同学举起手来。

"上次，我拿碗时不方便，小杨同学帮我拿碗。"

"有一次，老师的本子掉了，我看见他帮老师把本子捡起来。"

"我的橡皮掉了，就是他帮助我捡的。"

"上次，我要进教室来，他帮我开门的。"

……

同学们纷纷举例讲述发生在身边的关于小杨同学帮助人的点滴好事。虽然事情是那么的小，但小伙伴们说出的每句话，在小杨同学的心里是那么重要……

(三) 第三阶段，巩固与结束阶段

任务：巩固咨询辅导效果，进一步摆脱不合理的信念和思维方式，能将辅导中的体验运用到日常学习和生活当中去，增强自己的心理能量，正确处理人际关系，提高自信心，更好地适应社会。

过程：

小杨同学：老师，我有好朋友了。

施老师：太好了，真为你高兴。能说说你是怎样交到这个朋友的吗？

小杨同学：我以为他们讨厌我，觉得我没什么优点，不能有朋友，但张××说，我有很多优点的，只要我作业做好就愿意成为我的朋友。我现在上课抬头认真听了，其实我不笨的。

施老师：祝贺你有了好朋友，也很高兴你能这么想，老师也很喜欢你。

小杨同学：还有爸爸妈妈总陪我一起说话，妈妈说我是人间的天使，我长这样是为了让她一眼能找到我，我感到很快乐。

七、咨询效果评估

（一）来访者自我评估：爸爸妈妈关心他，同学们愿意和他一起玩，他也有了朋友，敢主动和同学们交流。上课能认真听。他还表示要像小刺猬一样勇敢面对困难，克服困难，快乐生活。

（二）咨询师评估：通过回访，咨询已基本达到目标，来访者能对自己的问题有一个清晰的认识，能融入校园生活，和同学们一起学习、生活。

（三）班主任和家长评估：班主任和家长都反映，小杨快乐多了。家长把更多的时间放在孩子身上，多陪伴孩子，并且转变了观念，认为这个孩子是来到了人间的天使。家长能正视孩子的现状，尽量创造一个良好的家庭温馨环境。

通过以上评估，认为这次的咨询效果还是比较显著的。

八、自我反思

（一）对于身体残疾的孩子的心理问题，我们本能会认为一定是因为他的身体问题而引起的心理问题，包括孩子自身也会这么去想，但是在这个案例中，发现小杨同学比其他同学更加敏感、多疑，但其他同学对他的外在并没有多少关注，更多关注的是他学习和同学们接纳的程度及自信心。因此作为咨询师或班主任对身体残疾的孩子还是要以平常心对待，人格上用同样的评价标准，生活上更多地关爱，或许这样更适合他们成长。

（二）在分析自卑心理问题的产生原因的时候，不单单要解决表面的问题，更要深入根源，去挖掘家长、家庭带给他的影响。果然父母的态度是让他陷入自卑的根源，因此抓住这条主线，从家庭心理辅导入手，帮助家庭重建关系，让家长接纳自己的孩子，对孩子有了信心，从而重塑孩子的自信。此外布置了相关家庭作业，家长充分配合，这点发挥了很大的作用。

（三）小杨同学是被动发现的，如果没有更深入的关注，他们可能永远藏在班级的一隅，老师也就会一直忽视他们的存在，然后也可能使最初的小小心理问题导致以后的心理障碍。因此还需要老师学会观察班级的每一个角落，拥有教育的敏感性，及时发现，及时疏导，尽量减少治疗性辅导，更多的是做到预防性辅导和发展性辅导。

学校心理辅导教师应该具备灵活运用心理技术来开展咨询的能力。要针对个案的情况，打破传统个别访谈的形式，而是围绕个案采用多种形式，如个别访谈、团体辅导、家庭辅导治疗等方法。因此，在今后的咨询生涯中，心理辅导教师应不断加强自身的学习、督导，提高灵活运用心理技术的能力。

二、陪伴与放手

【心理学小知识】

现在很多的年轻父母自身也是独生子女，往往没有很好地建立起为人父母应有的责任感，容易把养育孩子的责任推给老人，而有些祖辈也主动把自己当成代理家长，没有认识到亲情对亲子双方的成长都有积极意义。父母缺位、亲情缺失会让幼小的孩子有强烈的不安全感，会导致心理伤害以及种种心理隐患，严重的甚至会导致心灵和人性的扭曲。让孩子健康成长，首先要做到：祖辈当好配角别越位，年轻父母强大起来，避免二者争夺，影响彼此感情。

在父母与孩子相处的过程中，应该尊崇的亲子原则是："互爱—互尊—互信—共识"四维螺旋递进模式。爱是绝对基础，但不是溺爱，也不能自私，必须相互尊重，但尊重也绝非无底线认同和纵容。基于爱和尊重，才能营造轻松自然的互信环境。父母不会心累，孩子心里也阳光自在，进而彼此沟通也就更畅顺，容易达成共识，增进彼此认同和感情。

陪伴有两个误区：一个是只陪着，无心陪伴。表面上看是与孩子待在一起，但实际上忙着自己的事情，孩子感受不到父母爱的陪伴。二是控制性陪伴。跟孩子在一起往往扮演着监督者的角色，试图控制住孩子，让孩子专心学习。这种陪伴也许在孩子小的时候能促进学习成绩提高，但长期来看效果是负面的，因为孩子被动学习，渐渐就没有了学习的动力，往往越学越吃力，越学越没有兴趣。

那如何才能高质量的陪伴呢？第一招是阅读陪伴，亲子阅读，这样可以创造与孩子深度交流思想的条件，与孩子讨论读书的内容让心与心贴得更近。第二招是家长抱团学习育儿经验，走出自己单一的育儿经验模式，学习更加智慧地爱孩子。

放手是给孩子一定时间和空间的独立自主，协助孩子更好地成长，为成为更好的自己而努力。处理好孩子的孩子时期的陪伴，建立爱的连接，放手就会是优雅的，变成水到渠成的自然而然的事情。从小有了爱的稳定的基石，就算到了青春期，孩子也可以顺利度过，孩子内心充满力量，更加阳光自信。

【辅导案例】

重返校园
——小学入学适应和人际交往辅导案例

一、来访者基本情况

小张同学，男，10岁，三年级转学生。因不愿上学，班主任及家长将其带到心理咨询室进行咨询。心理辅导教师：施老师，辅导次数：12次。

二、来访者情况

新转学来的小男孩张同学身材矮小,戴副眼镜,皮肤白皙。学习成绩跟不上,对学习没有信心,平时低头不语。每天到校门口要和送他过来的爷爷纠缠一番,吞吞吐吐说些不愿上学的理由,依稀可分辨出的有:有同学把他的名字"杰"读成"姐"了;今天换了眼镜,不想被同学看到;某个老师说话声音大了点……然后爷爷就会去梳理各种关系,等他情绪稳定些,又会寻找各种理由继续缠住爷爷,要求再过10分钟进教室,一直持续"N个10分钟",最终在学校保安、老师的护送下,才勉强进教室学习。有一次学校午餐时间,因为老师让送饭来的爷爷先回去,结果小张看不到爷爷,居然躺在地上歇斯底里地哭闹,在老师再三劝说下才进教室,但老师一不注意,就跑出教室,藏了起来。之后一段时间,小张再也不愿来学校。

三、家访及家长座谈情况

家庭条件:拆迁后在同小区同一幢房子有两套房。孩子和父母住四楼,爷爷奶奶住底楼,吃在一起。孩子有独立的房间、书桌、台灯,学习氛围良好。

家庭关系:全家共5口人。妈妈一人上班,爷爷奶奶已退休在家,爸爸偶尔出去打工。平时家庭起居,接送孩子,辅导学习都由爷爷主动负责。爷爷非常宠爱孙子,对自己的儿子评价极低。奶奶对家事不闻不问。妈妈平时工作忙,也不多关注。爸爸插不上手,习惯听自己父亲的。

与父母关系:孩子不与父亲交谈,父亲也不会主动陪伴。父亲认为孩子不听他的,只听爷爷的。父亲介绍孩子在家里的状态:早饭有时让妈妈喂,然后看电视、玩电脑,吃中饭,下午睡觉。孩子和妈妈相对比较亲,偶尔和妈妈说话,出生起一直到现在,孩子一直跟母亲睡觉，父亲住在另一间房间里。夫妻关系一般，亲子关系一般。

四、评估与诊断

（一）诊断依据

因小张同学在哭闹时，表现出全身颤抖、僵硬、出汗、焦虑、恐惧等状态，为防止有器质上的问题，建议让家长带孩子去医院检查。

家长接受意见，去专业医院检查，结果如下：无纸脑电图检查报告单正常；小儿神经心理测试报告单，反应慢，注意力集中，情绪好，愿意合作，整体正常，建议1年后复查；WEISS'S评定量表报告单，家庭10/4，学习和学校10/11，生活技能10/7，自我管理3/2，社会生活7/4，冒险活动10/0。

（二）鉴别诊断

经全面分析，小张属于一般心理问题。因家庭过分呵护，长期庇护，没有正常的人际交往，形成依赖、自我为中心、胆小懦弱、害怕学习的习惯，不适应学校、社会正常的生活。

五、咨询目标的制定

根据以上的评估和诊断，心理辅导老师与学生、家长、班主任等协商，确定如下咨询目标。

1. 近期目标：独自上学，不让家长陪读。

2. 最终目标：融入集体，融入社会，学会主动交朋友。

六、咨询方案的制定

（一）深入家庭，建议父亲承担责任，参与孩子的成长

家庭是孩子早期社会化的场所，父母对孩子成长起着不可替代的作用，其中父亲的教养态度对孩子的社会和学习适应有很大影响。小张父亲家庭地位偏低，但他也有想法和需求。经协商，让爷爷放手，让小张父亲接替爷爷接送孩子，为孩子做出自信、乐观、坚强的表率；

在学习上多给孩子鼓励、少责备。其次，分析孩子缺少安全感的主要因素，和全家达成协议，让小张同学做到三点：①学会独处，逐渐分床睡觉；②学会表达，用"绘本"编故事说出来；③学会合作，走出家门，寻找伙伴玩耍。为帮助父亲一起成长，设计了"我的成长树"，包含：今天我的心情指数？今天我主动和谁聊天？今天我为班级、家里做了什么？今天我还想对谁说？……让家人参与孩子的成长过程。

（二）亲近校园，发挥班集体作用，呵护孩子的成长

学校召开各类会议，让教职员工接纳小张同学，给小张更多的宽容和关爱。让任教老师降低对小张的学习要求，从关注成绩，到关注小张每天的学校生活情况；安排学习伙伴，辅导小张完成抄写类简单作业；安排游戏伙伴，与他课间说话玩耍；安排生活伙伴，陪同食堂午餐等。为增强班级归属感和责任感，进行班级岗位认领，让小张同学承担起照顾班级花草工作。全方位的呵护，让小张一进教室，就感觉亲切，心理很放松，日渐消除了对学校、老师、同学的戒备和恐惧感。

（三）抓住机会，进行跟进训练，确保孩子的持续成长

让小张同学父亲逐渐代替爷爷的角色，先从进班陪读开始，再到在学校家长资源中心等候。小张同学有时在下课时到中心看一眼爸爸是否在，再回教室上课；有时，一整天都看不到爸爸。看到时机成熟，逐渐由扶到放，抓住机会，尝试让孩子真正独立起来。

1. 尝试半天训练，失败告终

5月13日中午，学校组织学生半天的区博物馆游览学习。车子正好为35座，若小张爸爸陪同去，就超载。以下是现场辅导实录：

"因为座位不够，施老师就不去，你爸爸也不能去，留在家长资源中心等着。"没想到小张同学同意了，施老师内心欣喜，之前的辅导起

了作用。小张挺开心地上了车,就在开车的那一刻,小张突然哭嚷着冲下来,拉住爸爸的衣服不放。原来,他爸爸正准备开摩托车离开学校。

为了稳定小张的情绪,施老师让爸爸把车推回校园,并把车锁掉,对小张说:"这次肯定是爸爸错了!现在车钥匙放在老师手里,不让爸爸走。"小张感觉好了些。"快上车吧。"结果小张一把拖着爸爸跑上车。因为没有位置,只能站在走道中哭嚷着。"这是不可以的,车辆超载了。"施老师说道。小张终于说话了:"为什么不可以?""因为车辆超载了,警察叔叔会拦下来。"小张还死死抱着爸爸的腿不放。施老师只得让车上所有师生下来,并告诉他,因为他的行为将会让本次活动取消。他听后哭声轻了很多,看到所有的同学下车了,他也下了车。之后,施老师让其他学生再次上车,并追问道:"你去还是不去?车马上要开,只剩下最后一个位置了。"看到他很想去的眼神,施老师又尝试一下:"去还是不去? 10、9、8……1。"小张拉住爸爸的衣服的手还是没有松开,因为爸爸没有在关键点上做好,这次尝试失败了。但在这次的交锋中,也让小张明白了规则的重要性,打破了以他为中心的念头。

2. 一天训练,小胜成功

5月18日早上,学校又组织学生一天的崇明文化之旅,摆在小张面前的又是和爸爸分离的问题。施老师吸取了上回的教训,提早对爸爸干预。在早上做广播操时打探了一下,小张点头说去的。在开活动部署会时,班主任陆老师担心起来。于是,施老师问道:"你觉得孩子去的可能性有多大?"她的回答:"90%不会去。""为什么?""我觉得上次都不去,这次肯定不去的。"施老师告诉陆老师,孩子在变化,做老师的要让他觉得自己行!陆老师笑笑说:"那我现在觉得50%可能去的。"虽然班主任还在犹豫,但在短短的时间里,对孩子的评价已经发生转变,施老师期待这种转变要更快一些。

孩子们排队出来了,陆老师说小张好像不想去。施老师轻声说:"他来了,你和平常一样,招呼所有孩子排队上车。"小张还是拉着爸爸的手,但是感觉拉的力量和以前不一样。来到车门前,爸爸说道:"快上去吧!"小张跨上一步又停了下来。施老师没有责怪,拍拍他的头,说道:"是不是会想爸爸?老师这次也去的哦。如果想爸爸,老师帮你打电话给爸爸。"小张好像听了进去,施老师继续说:"小张爸爸,你的电话是多少?我来打给你!"拨好号,施老师把手机放在小张耳朵旁:"听!通了吗?"小张很认真地听着:"没……没有。"施老师拿回来一听,真的不通。"不用急,再听一下,现在通了吗?""通了!"小张从电话里听到爸爸声音的一刹那,松开了手,上车了!一整天,老师们充满喜悦,让小张同学和班上还聊得来的同学结为活动对子,并和班长一组一起午餐。一天就这样快乐地过来了。回校时,施老师提前让爸爸守在校门口。孩子一下车,爸爸就迎了上来,只见小张只是轻轻地瞥了爸爸一眼,还是平静地排在整齐的队伍中,没有脱离团队!我们成功了!

3. 两天训练,变成常态

5月23日、24日是三年级到区少年军校参加民防活动的日子,其中23日晚上还要住在那里。这次小张会怎样呢?孩子们都是第一次离开父母。按照常规教育,让每个家长给孩子写一封信,小张爸爸的信写好,并且提前让小张交给了陆老师。这个举动让我们看到了希望。这次,陆老师也更淡定了。学校领导也很重视,当天赶到军校,一起和孩子读家信,吃蛋糕,庆祝孩子们的十岁生日。孩子十岁了,真的长大了!谁说小张同学特别,他就是很普通的乖孩子,爱上学,爱学习，爱和小伙伴在一起。

七、咨询效果评估

（一）来访者自我评估：爸爸妈妈更加关心他，同学们愿意和他一起玩，上课能认真听。他也有了几个朋友，敢主动和同学们交流，他原本排在广播操最后，现在也悄悄地回到队伍之中。

（二）咨询师评估：通过回访，咨询已基本达到目标，来访者能对自己的问题有一个清晰的认识，能独自上学，进入班级，融入校园，走向社会，和同学们一起学习、生活。

（三）班主任和家长评估：孩子快乐多了，父母教育的一致性加强了，两人合力把更多的时间放在孩子上，多陪伴孩子，创造一个良好的家庭温馨环境。

通过以上评估，认为这次的咨询效果还是比较显著的。

八、自我反思

（一）学校氛围很重要

整个心理辅导过程中，得到了学校领导、全体教职员工的支持、配合和包容，创造了一个大德育的温馨氛围。轻松、愉悦的人际环境和学习环境，让小张同学感受到了改善自身的能量。

（二）家庭教育是根源

要挖掘家长、家庭带给孩子的影响这条主线，从家庭关系入手，帮助家庭重建关系，恢复家长角色意识，并布置相关家庭作业。其中家长充分配合，发挥了很大的作用。现在孩子独立上学，平时除了按时完成作业外，还会主动帮助父母分担一些家务活。而父亲也从陪伴孩子，到逐渐放手，现在找到了工作，正常上班。

（三）反复训练不放弃

通过持续的心理辅导，一次次的训练，让学生逐渐地适应，逐渐地融入。任何时候,都要坚信,孩子能真正走出自己封闭的小圈子,融入集体,融入社会。作为老师和家长,要及时感知,提早干预,及时疏导,找到辅导的关键点,有的放矢地进行辅导。

虽然,小张的学习成绩至今并不优秀,但相信在今后,他一定会坦然地面对学习、生活中的每一个困难与挫折。

三、及时满足与延迟满足

【心理学小知识】

"延时满足"是指人的一种能力,或者人的一种属性,是人能够等待合适的地点、合适的时间再做想做的事,反映了自我控制或者说克制欲望的能力。它的反面是及时满足,拥有这种属性的人,欲望控制力不够,比较冲动。

近几年来,"延迟满足"概念越来越被更多人所认知。美国斯坦福大学心理学教授沃尔特·米歇尔(Walter Mischel)设计了一个考验儿童耐心和意志力的"棉花糖实验",即告诉两组孩子,如果当时不吃他准备的棉花糖,过了等待的时间则可以得到两块,而当时吃掉的孩子只能得到一块。这个结果让更多人认定,在孩子有需求的时候,我们应该适当地"延迟满足"。但是在特殊的时间,如何从呵护鼓励的内心出发,允许孩子犯一点"不知道为什么会这样"的错误,从而及时满足孩子的需求,更是我们教育者需要思考的地方。

有心理学研究表明,越具有延迟满足能力的人,在社会上更容易成功。于是很多家长刻意训练孩子的延迟满足。但是,很多人不知道,延迟满足的前提是父母的及时回应。

心理学专家说,越是被及时回应的孩子,越具有延迟满足的能力;育儿这事,千万不能从表象出发。

父母的及时回应可以建立孩子的信任，正因为孩子信任，所以才愿意等待，因为他知道自己的需求会被满足。但是及时回应不等于无条件地满足。因为，及时回应的真正含义是：孩子表达需求的时候，父母及时给予肯定和回应，能做到的就做，做不到的无须勉强。比如孩子看到一个很贵的汽车模型，"妈妈，我好喜欢这个汽车模型，好漂亮啊"，妈妈及时回应和肯定孩子："是啊，好漂亮，我们一起来观赏一下！"你会发现，孩子其实不贪心，只是需要你的回应而已。

【辅导案例】

"奖牌"失踪之后
——及时满足和延迟满足

一、情境再现

二年级的小芩同学是一个非常可爱的小女孩。在这次运动会200米决赛中获得了银奖，奖牌在她的胸前闪闪发光，她的脸上也闪烁着光彩。运动会一结束，她着急地去找妈妈，想把喜讯快点告诉妈妈。可是，她从操场跑到教室就短短100米的距离，发现脖子上只剩下奖牌的绳子，上面闪闪发光的奖牌不见了。咦？什么时候弄丢的？明明在胸前？可是胸前空空的！她着急得像热锅上的蚂蚁，这块奖牌可来之不易呀！她赶忙顺着跑来的路线，慢慢原路寻找，找了一圈又一圈，还是没有。怎么办呢？

二、现象分析

（一）得奖不容易

这次学校里开展田径运动会，班主任问谁想参加，没人举手，于是小芩同学鼓起勇气报名200米的跑步。这对于她来说，可真不容易，是个大大的挑战。你看看她,个子矮矮的,平时班级里就坐在靠近讲台的第一排;再看看她,身材瘦瘦的,有点弱不禁风的样子。可是,就是这么一个小女孩,每天坚持训练,在 200 米跑步中奋力拼搏,突破自己的极限,获得了银奖。她一点也不羡慕金牌,金奖是一个高个子的其他班级的女生。她站在亚军的台上,同学们送来的掌声不亚于送给冠军的。

(二)奖牌丢失很难过

如果奖牌还是没有找到,估计原本快乐的双休日孩子也会沉浸在难过之中。奖牌虽小,但毕竟是孩子付出艰辛的劳动得来的,孩子还来不及感受经过付出得到回报的喜悦,奖牌就不见了。这无论放在谁身上都会很难过。

(三)及时满足还是延时满足

面对丢失奖牌的孩子,作为学校应该给予孩子最大的帮助。是该马上行动发动老师同学寻找呢?还是过了双休日到周一再行动?答案是肯定的,没有比及时满足孩子当下的愿望更能帮助孩子了。

(四)奖牌和成功之间

奖牌是孩子通过自己艰苦的练习和顽强的拼搏得来的,来之不易,也是孩子成功的象征。孩子在乎这块奖牌充分说明了她对成功的渴望,希望得到亲人、老师、同学对她付出努力的充分肯定。

三、实施活动

(一)安抚情绪

小芩同学满头大汗,哭得稀里哗啦,看来丢失奖牌这件事,对她而言是很大的打击。于是,学校请来心理咨询师来安抚她的情绪,慢慢地,慢慢地,小芩情绪稳定了,也把丢失奖牌的前后的过程说了一遍,但是奖牌在哪里,还是毫无头绪。

（二）寻求帮助

于是，家委会群里发出了求助信息：大家有没有捡到一个银牌呀？麻烦各个家长群，问一声，如果看到了，请在星期一拿到学校。

有的家长说：希望渺茫，现在能找到的早就交给老师了。如果现在不交给老师，那直接拿回家不可能还了。

有的家长说：我看到小芩了，很不开心的样子。

有的家长说：掉了银牌，对小孩子来说也是损失很大的。

有的家长说：我们帮忙再一起找一找。

……

此外，学校广播播出寻牌启示。向全校师生发出是否看到奖牌，马上拿到德育室的通知。可是时间一分一秒地过去了，宽大的操场，茂密的草坪，红红的跑道，哪里有奖牌的影子。

（三）举行颁奖仪式：奖牌"失而复得"

奖牌找不到了，孩子失望之极，作为学校应该竭尽全力去呵护孩子的荣誉感，肯定孩子付出所得，需要更多的肯定和鼓励。于是，经过商议，为小芩同学再次举行颁奖仪式。为了仪式正规，德育室邀请分管体育的何老师再次担任颁奖嘉宾。当"失而复得"的银牌光荣地挂在孩子的脖子上时，孩子终于露出了笑脸。孩子紧握奖牌承诺：我一定不会弄丢了，要好好看管好奖牌！妈妈也表示：谢谢学校，会好好教育孩子，珍惜荣誉！准备下次得个金牌！还有，如果下周发现那块遗失的奖牌，一定还会把这块奖牌归还学校。

（四）开展"成功与奖牌"之间的对话

再次颁发奖牌是对小芩同学的肯定，也是对孩子付出后的回报，对于学生来说，非常重要。但是反过来，如果太在意这块奖牌，导致身心不健康的发展，也不是好事。于是学校进行了心理疏导小芩同学经过一段时间的跑步训练,身体练得棒棒的,这是最大的成功。小芩妈妈也肯定孩子的表现,最近饭吃得多了,晚上睡觉也更加容易入睡,个子确实也长高了一点,妈妈为她感到自豪!小芩听后开心地笑了。我们的结论是:锻炼了意志,收获了健康,这点更加重要。

(五)举行退还仪式:**奖牌失而复得**

周一的早晨,办公室门口站着小芩和她妈妈,原来他们是来归还奖牌的。小芩同学说,周五回家之后,整理了书包,同时整理的还有蜷成一团的毛衣。因为运动会那天天气很热,颁完奖后小芩脱了毛衣,没想到奖牌就落在毛衣里面。奖牌终于找到了!小芩妈妈再次感谢学校为孩子做的一切,现在奖牌找到了,再次颁发的奖牌一定要退还学校。

四、活动反思

每一个人都希望得到别人的认同和肯定,孩子更是如此。同时孩子也最渴望得到别人对他劳动成果的尊重。学校在小芩同学丢失奖牌后及时伸出援助之手,发动家长、老师、同学寻找,直至补发奖牌,充分体现了学校、老师对孩子的肯定,有利于培养孩子的荣誉感和自豪感。同时学校这样做也充分体现了对孩子努力的尊重,满足了孩子被尊重的需求。当然,我们很多人从小得到的肯定真的是很少,以至于很多时候不够自信。当孩子进步的时候,或者取得某种荣誉的时候,应该让孩子感受到学校、他人为她感到骄傲,这样她才会去努力取得更大的进步,有动力取得更多的荣誉。

四、告密、告知、告状

【心理学小知识】

为什么孩子会有"告密"行为?爱告状的孩子就是品德有问题

吗?老师和家长应该如何正确引导喜欢告状的孩子?

英国心理学家科尔伯格对孩子爱告状背后的原因进行了分析。小学阶段的孩子自带一种属性,即"向师性",服从个人强权,服从老师和父母,强调遵循规范、执行命令、服从权威、履行职责。孩子看到的所有违反规定的行为大多会告诉老师。

那到底这样做是"告密"?还是"告知"?还是"告状"?……教师或家长要从教育立场出发,针对学生的心态、思想、行为与语言,通过合适的方式加以矫正、引导。

有研究表明,在不同的情况下,"告密"的含义也截然不同。有的"告密",事实上是"告知"。在小学低龄阶段,有些学生去"告密"可能并非期待教师有什么特别行为,或者是出于自己的个人利益,很可能是为了让教师了解他没有看到的现象、获得他没有了解到的信息,或者为了获得教师的重视与认可。这类行为往往是无害的,相关信息交流甚至是"公开"的。

有的"告密",事实上是"告状"。这往往是因为学生的利益受到伤害。作为"受害者",他会向教师寻求帮助与支持,以期实现正义或公平。这种告状,可能是公开的,也可能是私下的。但其动机往往是自我保护或补偿。因此,这种告状也可能会夸大一些事实、掩盖一些内容,会出现信息的部分失真。当然,只要教师介入了解,公平合理地解决相关矛盾,完全可以促成学生心态的正常化与行为的合理性提升。

有的"告密",事实上是"回应"。特别是一些学生干部,在教师特别是班主任的要求下,要承担管理班级纪律、卫生等工作事务,还要向老师反馈具体检查的情况。这时,学生就不得不向教师反馈一些信息。如果触及部分同学的利益,就会被学生视为"告密"。针对这类现象,教师需要反思自己的行为与取向,通过教育行为的调整和思想的转变,不把自己变成"告密者"出现的催生因素,不让自己成为"告密"的纵容者。

虽然说告状是孩子的"天性",但是我们也不能任其发展,因为这种行为可能会给孩子留下心理阴影,影响与他人的交往。"告密"之所以难以被人接受,是因为它使人与人之间失去信任。"告密者"被同学孤立,是因为他们使身边的同学感到不安全。

有心理学研究发现,不确定性会使人产生恐惧和焦虑。如果班级里总有人"打小报告",班级气氛会变得紧张不安,同学关系、师生关系也可能会疏远、相互戒备。而且,一旦不信任感植根在孩子的内心深处,可能他的一生都将很难坦诚、轻松地面对他人。被告过状的同学,也很难再次建立起与其他成员之间的信任。所以,"告密"行为会给学生留下沉重的心理阴影,造成对人的极端不信任,不仅会影响孩子与他人的交往,也会影响孩子的自我发展。

那么,对于学生的"告密",教师应该如何应对呢?教师需要理性地对待,帮助孩子树立正确的"三观"。要理性判断"告密"行为,把握好"度"。对学生的"小报告",教师不能偏听偏信,对学生反映的较为突出的情况和问题要深入调查,仔细分析研究,作出正确的判断。要通过合适的方式加以矫正、引导。因为"告密者"依然是"学生",教师的天职在于引领发展、促进发展,而不是放纵、放弃,更不是惩罚。

【活动案例】

我要打小报告

一、情境再现

班级是学生生命成长的土壤,是师生为了共同目标而形成的一个生命共同体。在这个生命共同体中,需要敬畏每个学生的生命存在,关爱每个学生的生命质量，彰显每个学生的生命价值。

最近，这个生命体突然出现了一些小裂缝，原来，班级中出现了几个爱打小报告的同学。

报告老师："小军吃饭不吃蔬菜！"

报告老师："刚才小明去小便，洒在地上了！"

报告老师："小浩打人！"

报告老师："小清作业没做完就在玩！"

……

年轻的班主任们刚处理完一件事，突然又冒出了另一件事；并且似乎越是急着处理，打小报告的同学就像滚雪球，越滚越多。班主任们陷入了困惑之中。

二、案例分析

有必要针对这种现象给年轻班主任们进行分析：打小报告是小学生中较普遍的现象。从心理学角度看，小报告实际上是孩子根据社会道德规范对别的小朋友的行为作出判断，是孩子一种强烈是非判断的直接诉求。有时是作为寻求帮助的一种手段，有时是通过表达希望从老师那儿得到积极肯定的评价，从而得到一种心理满足。当然，这种心理还未完全发育成熟，很多时候是一种试探的心理，通过打小报告来观察老师的态度……

了解了打小报告孩子的普遍心理，班主任就要考虑如何让小报告变成正能量。于是工作坊开展了"小报告 正能量"的研讨活动，老师们各抒己见，献计献策。

小杨老师说：根据不同的小报告要有不同的回应。多打小报告会影响班级团结，而且养成习惯，今后走上社会到单位上班也喜欢打小报告的话会引起人际危机。小庄老师说：如果老师持消极批判态度的话,学生可能对班级事务不再关心,不利于老师及时了解班级情况,进行有效班级管理。小陈老师说:有些小报告只要老师几句话,就能清风拂面,云淡风轻;有些小报告不仅需要挖掘背后的原因,还要集体性地引以为戒呢!……那么,我们该如何做呢?

三、实施活动

1. 共同研讨,形成工作流程

工作坊经过研讨最终形成了这样的流程:班委商议最紧迫需要解决的问题—组织全班议事如何解决—达成共识形成班级公约—进行1个月的自我管理、自我检测跟踪评价。

2. 自发活动,教师适当点拨

各班委根据收集到的小报告反映出来的问题,自发地开展"礼仪小课堂 文雅我先行"主题活动。有的班级开展"文明如厕我先行";有的班级开展"人际交往我能行";有的班级开展"我爱午餐身体好";有的班级开展了"孝心从作业做起"……每一节课都是来自孩子的需求,来自孩子的策划,来自孩子的组织,让每一个孩子真正成为班级的主人,教育的主体,而教师仅参与其中,适当地点拨。

就像如厕要求,孩子们觉得用画画的方式,可以画毛毛虫、蝴蝶,再配上如厕的标语,来表达如厕习惯逐渐养成的状态。小男生们喜欢画小青蛙、荷叶、露珠,来提醒自己,让"水珠"直接洒在荷叶上,是多么有趣、美好的一件事。在如厕教育的时候,班主任也不忘强调女生大小便后的擦拭要点,强调草纸要从前往后擦,避免感染敏感地带。同时还让家长配合,强调以"身"为本,关注孩子的身体内部系统,让孩子养成每天大便一次的习惯。

3. 跟进研讨,收获不一样的成功

这样的课堂,实现了孩子们"自己的事自己管;班级的事,大家一起管"的美好愿景。在研讨会上，小尹老师说：孩子选择了"文明午餐"这块内容，这次的议事不仅在课堂上，还延续到了午餐时间上，因为有了自我约束，自主管理，孩子们吃中饭的时候安静多了，浪费现象也减少了。小彭老师说：原来所谓的打人，其实只是不会如何交朋友。在最后自发的"抱抱小练习"中，孩子们冰释前嫌，也明白了如何正确表达友情。小胡老师说：一个孩子讲，放学时自己和爸爸两个人都满头大汗。原来孩子满头大汗是因为放学后在校园里奔跑引起的，而爸爸满头大汗是因为在校园里着急地找他导致的。全班同学表示以后再也不希望出这样的汗了……

4. 班级公约，形成契约共遵守

"礼仪小课堂 文雅我先行"的主题活动结束之后，为了使议事达到共识，更有仪式感，班主任召开了班干部会议，提醒班干部们：除了自发召开好班会，还要有礼仪养成的具体操作，哪一条能做到的就写下来，不能做到的去掉它，并在现场见证孩子们拟定新的班级公约，然后全班孩子齐声宣读，签上了自己名字，并上墙张贴在班级显著的地方。当然，发生问题后去处理，只是被动治理型，我们更多的是需要预防型。

四、活动反思

因为活动源于学生实际，又回归于学生实际，涌动着生命成长的向上向善的温馨班集体在悄悄地凝聚，慢慢地形成。当孩子们把班级当作了自己的成长家园的时候，小主人的意识就增强了。当然，道德品质体现在养成教育上，不能仅仅依靠"借"小报告来教育。只有针对孩子们小报告背后的心理发展特点，激发内在生长的动力，开展适宜的活动，才能真正满足孩子生长的愿望。

瞧！同学们为了让自己的班级更温馨，更向上，又开始了进一步的集思广益!

一本小报告记载本出现在了墙壁上——让小报告摊在台面上,人人可以不署名地正大光明"告密"了。

一种小报告积分瓶出现在了讲台上——以小组为单位,分设4个积分瓶,每周查看记载本,如果没有小报告,每组奖10个积分卡;如果有一个小报告减掉该小组1个积分;如果处理好一个小报告再增加该小组1个积分。每月统计一次,看看哪个小组积分最多,评出温馨小队。渐渐地,"小报告"向我们说再见了,一种充满爱心凝聚的班集体形成了。

班集体是学生生命成长的共同体,是学生们共同的家。家庭成员是否健康快乐地成长,很大程度上依赖这个家是否能让每个成员感到温暖,作为班主任既要提高自己科学管理水平,更要充分发挥学生在各方面的主动性,才能促进每位学生的全面发展。

五、感受爱与传递爱

【心理学小知识】

父母或老师给出的爱,孩子未必能感受得到。爱是一种能力,感受被爱也是一种能力。一个人能感受爱,接受爱,享受爱,传递爱,这才是真正的感恩之道。

人生而平等,没有人具有先天的优越性,没有人天生就高人一等。别人不爱你,是别人的权利,相反,别人能给予我们关爱、帮助和微笑,我们应当对我们得到的礼遇心怀感激,对我们领受的幸运心怀感恩。

只有当我们意识到他人对我们的善待不是天经地义、理所当然的事情时,只有当我们不安于受惠于人时,我们的感恩之情才会在不知不觉中油然而生。

我们永远不要忘却对他人的善意报以感激，对命运的善意心怀感恩。

【*活动案例*】

我是你的幸运星

一、情境再现

食堂午餐后，小兵回到了教室，发现他的桌子上多了一块巧克力。他环顾四周，教室里人不多，有的同学在看书，有的同学在聊天，没有人看自己。他猜不出这块巧克力是谁放在他桌上的。记得他上个星期上体育课跑步的时候，不知道为什么，突然头一晕差点摔倒，后来体育老师说可能是低血糖，跑步前最好吃块巧克力。今天下午就有体育课，难道是哪个好心的同学送给他的？是小陈？是小王？还是同桌小敏？……小兵内心一热，同学们真好！

二、案例分析

现代社会，因为独生子女众多加上学业压力大，同学之间缺乏沟通交流的时间、空间，在校园内出现了一种自己管自己，互不关心，比较冷漠的现象。很多学生也因此产生了诸多的心理问题。校园需求焕发生命活力，需要激发学生表达爱、接纳爱、传递爱的情感。为在校园内形成团结友爱、相互帮助和谐关系，使学生获得源源不断的正向的情感，更自信的面对生活学习中困难和挫折，思言小学开启了"我是你的幸运星"关爱心理小行动。通过活动，让学生们学会润物细无声地表达爱，用心体会别人给予的爱，学会欣然接受别人给予的爱，最后学会积聚爱的力量，把爱传递得更远，从而让校园充满生机和活力，也让每一个学生在感受爱与传递爱的过程中幸福生长。

三、活动实施

第一步:心理辅导老师和学生一起设计出"我是你的幸运星"心灵导图。导图是一朵心灵花,有五片花瓣、两片叶子、一个脸蛋。剪下心灵导图,复印若干,下发给每个学生。

第二步:请同学们事先想好准备悄悄帮助的一个小伙伴,在一片叶子上写下他的班级,另一片叶子上写上他的名字,同时在五片花瓣上写上准备为他做的五件事情。我们将用一个月的时间完成这五件事情。完成之后,再根据自己完成的感受,在脸蛋图上标出笑脸或哭脸的评价。活动要求每个同学必须遵守规则,不能告诉对方准备帮助他,每个人都要保守秘密。

个别采访:你准备帮助谁呢?为什么?你准备帮他做点什么事情呢?

学生 A:我做朱同学的幸运星,因为他的妈妈去世了,爸爸在日本,现在只有他爷爷照顾他,无法辅导他学习,所以我要做他的幸运星。

学生 B:我知道他心里有一些烦恼,我愿意做他的幸运星,我会每天给他一个微笑。

学生 C:帮助人是快乐的,我希望他快乐,自己也快乐。我可以帮他扫地，关窗户，教他不会写的作业。

学生 D：我还可以帮他讲故事。

学生 E：我一直偷偷笑着，我感觉这是一件非常有趣的事，我不会告诉我是他的幸运星，我想让他自己感觉到，自己不是孤单的。

第三步：设计"谁是我的幸运星"活动调查表。

调查内容如下：

1. 在这段时间里你是否感觉到有人在默默帮助你？
2. 在这段时间里你的内心是什么样的？
3. 在这段时间内如果遇到困难你会怎么做？
4. 这段时间你与同学关系怎么样？
5. 当你知道有人在默默帮助你时，你有什么感觉？
6. 你愿意做别人的幸运星吗？
7. 你最希望得到什么样的帮助？
8. 你愿意给别人什么样的帮助？

第四步："我是你的幸运星"活动成果调查。根据上面的两张调查表，统计出"表达"与"接收"一致的两个同学，并询问自己是否努力地做了，对方是否能够感觉到。

第五步：公布"我是你的幸运星"获奖名单，根据实际情况和调查结果，进行表彰鼓励，颁发奖状，类型包括三种幸运星：表达星、接纳星、传递星；分享活动留言。

（1）悄悄献出爱心一方的留言

A：你是最棒的！希望你继续努力！

B：我愿意当你的幸运星，你愿意继续跟我做朋友吗？

C：成绩不好不要担心，我继续当你的幸运星，帮助你学习。

D：你有点进步了，继续努力吧。我相信你，你能行的！

（2）接受爱心一方的留言

A: 谢谢你在这段时间里的照顾。

B: 我想说你真好。你是我的幸运小老师。

C: 谢谢你选了我。

D: 你辛苦了！

E: 谢谢你帮助我在这段时间里解决困难。

……

（3）今后是否愿意成为别人的幸运星？为什么？摘录部分同学回答：

A: 我愿意做别人的幸运星，因为帮助他人就是帮助自己。

B: 我非常愿意，因为我获得了更多的快乐。

C: 我愿意，助人为乐是一种美德，让自己也很快乐。对方开心我也很开心。

D: 我愿意，因为我要帮助别人就要帮到底。

E: 我感到他很和润，我很开心。我还要做更多人的幸运星。

F: 我很幸运，有自己的幸运星，我也希望我是别人的幸运星，让大家都快乐起来。

四、活动反思

通过"我是你的幸运星"的行动，校园内、班级内充满了温馨之风，关爱之情，同学们汲取了给予和接收、传递爱的力量，能够更快乐、更自信的面对生活、学习中遇到的困难和挫折。此项活动也受到了家长们的一致好评。

六、触动心灵的艺术

【心理学小知识】

作为第七艺术的电影是把"静"的艺术和"动"的艺术，"时间艺术"和"空间艺术","造型艺术"和"节奏艺术"全部包括在内的一种综合艺术。

美国大学早在20世纪80年代时开设影视教育的课程已有1000多所,占全美3000多所大学的三分之一。在美国人看来,影视教育的目的"并不仅仅是培养影视制作者,而是将影视作为一门人文学科加入大学文化教育的综合体系中,使学生掌握新世纪视像文化多维的视听思维方式"。

教育家蔡元培说:电影虽为一种娱乐,但对于教育,实有莫大的影响。因为电影能超越一般感觉,直接触及我们的情感,深入我们的灵魂。

为孩子们营造良好的文化环境氛围,影视教育的作用是无法替代的。每学期学校会通过大量影视教育活动来培育学生民族精神,增强生命意识等。其实影视教育还和心理学有着密切的关系。有一门课程叫"影视欣赏心理学",通过欣赏电影来教会学生在生活中发现美、欣赏美、创造美,这种美是人性之美、真实之美、生命之美,让学生能成为一个生活的艺术家,成为一个人格完善、身心和谐的完整的社会人。

【活动案例】

在影视教育中生长

一、情境再现

思言小学的报告厅里正在放映《我们诞生在中国》。这是一部由迪士尼跨国团队制作的野生动物题材的电影。瞧!每一个画面都是那么清晰,那么真实,那么美丽。孩子们在观影中感受到大自然的美丽。当这些珍稀的动物逝去的时候,极大地震撼着孩子们的心灵。小芸同学看着这些画面,忍不住脱口而出:"它们太可爱了,我不忍心它们消失,如果我不扔垃圾,就能挽救它们,我一定能做到,我还要呼吁大家一起来做到!"

当一个孩子想要去保护动物的时候,内心就会长出一颗"怜悯"的种子。爱就是"怜悯",孩子拥有这样的种子,就能分清美和丑,就能用美好的行为抵制丑陋的行为,而这种教育是自愿的、自觉的,是由内至外的。

二、案例分析

思言小学坐落于南桥新城田字绿廊和金汇港支流大寨河与胜利河的河畔,环境优美,周围动植物种类繁多。为此,学校非常重视保护自然,倡导学生与自然和谐相处。为增强学生环境保护的意识,学校排摸和环保相关的电影,开出比较适合的影片清单。其中一部影片就是《我们诞生在中国》。这是一部关于大自然、生命温情、环保、苦难和希望的影片,电影从动物生存的世界揭示了人类生活,让学生了解最具中国特色的重点保护动物:雪豹、熊猫、金丝猴等,感受到由于人类的破坏和栖息地丧失等因素,地球上濒临灭绝生物的种类正在以惊人的速度增长,从而唤起学生保护动物、热爱自然的国际环保主义者的情怀以及对人类与自然和谐相处的向往。

三、活动实施

1. 影视讲演初体验

在观看电影的基础上,学校组织学生开展系列的演讲活动。低年级开展"我与小动物的故事"讲故事比赛,中年级开展《我们诞生在中国》观后感演讲,高年级开展"我为自然代言"演讲比赛。通过影视讲演活动,让学生进一步走进动物的世界,感受人与动物之间的温情。

2. 生态列车乐体验

学校还通过开展《我们诞生在中国》小影院活动来激发学生学习

的兴趣,同时通过各年级一起组建"生态列车"的形式,进一步形象而深入地学习体验。一年级设立第一列车厢——稀有动物展览。学生收集霸王龙、翼龙、缘头蜥等古代动物的照片,通过看图片竞猜动物名,加深学生对古代动物的了解。二年级设立第二列车厢——有趣的植物。学生们积极围绕"有趣的植物"设计一些问题,譬如"含羞草为什么会'害羞'、杨树为什么挂满'毛毛虫'"等,加深对植物的了解。三年级设立第三列车厢——绘制"环保标识"。有一些环保小博士向同学们介绍环保标志,然后大家一起来绘画,譬如"世界环保日、世界水日、植树节"等,加深学生对环保标识的了解。四年级设立第四列车厢——垃圾分类。准备四个不同颜色的垃圾桶,还有一些物品图片,让同学们正确扔垃圾。五年级设立第五列车厢——环保节目SHOW。创设一个小型舞台,让同学们准备《给小鸟一个家》《垃圾分类的故事》《沙漠成绿洲》等小节目。通过过关体验,了解相关知识,感受我们诞生在美丽地球上的美好,也倡导所有的人一起携起手来,共同努力,使地球成为人类的乐园。

3. 学科结合深体验

课堂是推进影视教育的好途径。结合学校电影月,各学科总动员,一起结合《我们诞生在中国》教育内涵,开展各项学科活动,润物细无声地与学科育人有机结合起来。

如:音乐课上开展猜猜猜活动。老师制作课件播放有关小动物的录像,并配上不同动物特征的音乐,用肢体语言将小动物有特征的地方表演出来,从而调动起学生对动物的喜爱之情,激发学生研究的兴趣。又如在美术课上,通过老师让学生寻找动物的特征,带着问题进行小组交流、共同讨论,发表不同的见解,画下自己喜欢的小动物,并将画好的小动物放到教室前面的"动物王国"进行展示。还如在生涯课上,生涯老师设计了"让流浪动物找到家""宠物豢养守规则"等课,让学生了解什么是宠物,宠物与人类的关系,能够与宠物平等对待;学习宠物管理的规则,知道被宠物抓伤、咬伤时的应急处理,培养文明豢养宠物意识,维护好安全温馨居住环境。其他课程也在学校影视教育月中结合学科内容,有机融入相关内容。

4. 家校联动续体验

在影视教育月活动中,学校还结合本次活动月的主题,向家长和学生推荐相关的影片,譬如《快乐的大脚》,关于帝企鹅的故事;《如何绿化地球》,关于从植物的进化到对地球、对生态的影响;《微观世界》,一虫一世界等,要求家长和孩子一起观看,一起感受电影带来的美好。

四、活动反思

在观影的系列活动中,有的学生学会了表达,有的学生学会了表演,有的学生学会了网上搜索相关的知识,但根植在每一个孩子内心的是美和善。影视是一座巨大的教育资源宝库,学校发挥影视教育最大的作用,让生硬抽象的说教变得生动、具体。最终实现潜移默化的教育效果,那就是在观影中感受美、体验美、产生保护美的行动。

七、劳动塑造品格

【心理学小知识】

对于小学生来说,很多时候在游戏中体验劳动和感受劳动,但是二者又有区别,要区别对待。游戏具有选择性,其目标可以是体验、娱乐,在游戏过程中遵守游戏规则,学会合作,促进同伴沟通、交往。但劳动不同，需要遵守劳动纪律、端正劳动态度，它更具有社会意义。

儿童劳动和成人劳动也有所区别。成人劳动更聚焦在创造财富，而小学阶段是初步掌握最简单的劳动技能和技巧，养成热爱劳动的习惯，培养热爱劳动人民、克服困难、勇于吃苦耐劳、完成劳动义务的道德品质；培养家庭、学校、社会的责任感。当学生结束一天紧张的学习后，在家中帮助父母做做家务，可以有效缓解学习带来的疲劳感与紧张感，使自己的精力更加充沛。父母可同孩子一起做家务，这也是与孩子进行有效沟通的机会。亲情的交融能够从各方面带给孩子力量。适当的劳动可以让学生放松身心，释放内心的压力，从而有效舒缓紧张的情绪。

劳动塑造品格，通过劳动教育可以有效培养学生吃苦耐劳的精神、耐心细致的习惯，以及团结友爱的互助关系。这样健康的心理，必然会拥有一个健康的体魄，也必然能为社会发展做出更大的贡献。

【活动案例】

小农人成长季

一、情境再现

秋末冬至，思言小学儒香耕乐园里面的萝卜都成熟了，孩子们来到耕乐园体验一把农民伯伯们丰收的喜悦。红萝卜、白萝卜、小豆子、红薯都是孩子们眼中的宝贝。瞧！一根根萝卜高举在孩子们的手中，孩子们脸上洋溢着幸福的笑容。

二、案例分析

近年来一些青少年中出现了不珍惜劳动成果、不想劳动、不会劳动的现象，劳动的独特育人价值在一定程度上被忽视，劳动教育正被淡化、弱化。中国青年报社社会调查中心联合问卷中一项调查显示，77.3%受访者有"啃老"现象。不珍惜生活，不尊重劳动成果。劳动是生存的必然，一个人的劳动是本能，一个家庭的劳动是责任，一个国家的劳动是开创未来。小学阶段学生是培养劳动意识、培养自食其力、为自己负责的重要时期，思言小学开展"小农人成长季"，让孩子成为具备基本劳动技能、自理能力、懂得感恩、热爱生活的人。

三、活动实施

1. 立足学校，开设劳动教育校本课程

学校是学生接受劳动教育的重要场所，担任着开展劳动教育的重要职责。既要按照教学大纲要求保质保量上好劳动教育技术课，又要加强劳动教育校本课程建设。思言小学结合二十四节气，打造"学做小农人"课程，在学校里开辟儒香耕乐园，通过不同的节气开展不同蔬菜粮食作物的播种和采摘活动。

2. 结合实际，开设劳动教育实践岗位

在学校里开设劳动教育实践岗位。譬如低年级负责学校走廊地面、扶手、花园小道、耕乐园采摘劳动；中年级负责耕乐园拔草、施肥、除虫、浇水劳动；高年级负责种植、烹饪、记录蔬菜成长等劳动。

3. 贴近生活，开展吃穿住行家务劳动

家庭教育劳动教育更聚焦在学生自理自立能力的培养，通过吃、穿、住、行各个方面开展。"吃"的方面，可以从盛饭、摆筷、洗碗、泡茶、做简单的早餐等入手；"穿"的方面，可以是洗衣刷鞋、叠服晾被、使用洗衣机、缝缝补补等；"住"方面，可以是扫地、整理鞋架、整理房间、负责家庭花草、饲养宠物、维修简单家器等；"行"

的方面,可以从取报纸、拿快递,会使用交通卡,会交各类生活费用等入手。

4. 志愿服务,进行帮助他人行动

通过开展社会志愿劳动服务活动,来更好展现学生热爱劳动,无私奉献的精神。譬如低年级走进敬老院,为爷爷奶奶搔背、揉肩、聊天解闷;中年级走上街头、走进社区,清除垃圾、宣传垃圾分类;高年级维持交通秩序等。

5. 创设平台,开展综合性劳动大赛

学校通过搭建劳动展示平台,开展劳动技能才能大赛。低年级开展"穿衣服、戴绿领巾、整理书包、剥蒜头、擦皮鞋、叠衣服"等基本自理能力劳动;中年级开展"口袋叠被子、巧手编网袋、花样包水饺、快速整理房间"等自定义劳动;高年级挑战更多研究型、创造型、节约型、环保型的劳动项目,如解决问题类、学习编程类、环保利用类、发明创造类等。学校还利用秋分·丰收日,开展"大地丰收"——采摘劳动技能亲子大赛。

四、活动反思

现代社会是信息科技发展的时代,劳动教育不仅需要实用性,还需要科技性和创造性等综合技能。因此作为教育者,开展劳动教育需要考虑社会发展现状和未来社会对人才的需求,把握好这种趋势,将代表未来方向的劳动技能融入劳动教育之中,教给学生通过自身努力,在未来持续创造幸福生活的能力。劳动是推动人类社会发展的根本力量,也是通向伟大梦想的进步阶梯。德智体美劳全面发展,既是对现代社会个人素质的基本要求,也是人类社会教育的大势所趋。让我们大力弘扬劳动精神,让我们的孩子成长为体格健壮、身心健康,对社会有用的人。

八、怀旧与展望

【心理学小知识】

"怀旧",最早源于希腊语的 nostos 和 algia,前者有"返回家园"之意,后者表示一种痛苦的状态。顾名思义,"怀旧"就是指渴望回家之痛苦,所以作为一个病理学用语,最初指的是"思乡病",即一种包含沮丧、抑郁,甚至自毁倾向等情绪的疾病。后来,"怀旧"这个词逐渐远离医学范畴,慢慢融入了社会,其内涵也有了扩展和延伸,指向个人的意识和社会文化趋势,被当作"某种人类疏离的基本状况"来谈论。

在今天,"怀旧"已经成为一种正常的人类反应和社会学现象,已不局限于个体对自己过去的回忆,或是一种"年华渐逝"的印记。作为一种正常的情况,"怀旧"既带有浓烈的个人特征,也具有社会的普遍意义。

"怀旧"并没有特定的人群和年龄,它可以发生在不同的人身上,也可以发生在人生不同的阶段,是一种稳定的个人心理倾向。"怀旧"是对于过去的一种重构与思念,包括对一种已经发生的事件的可掌控感和安全感。而将这一保护或认同进一步放大,"怀旧"也可以唤起共同兴趣社团成员间的亲密感并获得群体性的认同。

一般来看,"怀旧"更多的是情感记忆,而不是认知记忆。这种记忆是有选择的,其所包含的情感结构比较复杂,既包括温暖、喜悦、感激、友爱和单纯等正面情感,也有失落、悲伤和渴望等负面情感。但总体而言,"怀旧"情感多是正面的,是通过过滤掉不愉快因素来保持或强化个人的自我认同。

作为一种记忆功能和心理安慰的手段,"怀旧"产生的满足感能使人生更加充实。但是对于不懂得善待怀旧情结的人来说，如果沉溺其中不能自拔，影响正常生活和工作，则可能变成沉重的精神负担，就要加以重视了。

另外，从社会学角度看，在人生经历重大转变的时刻，人们需要用"怀旧"来保持身份，而对过去的感知可以加强自我感知，清晰地认识、定义自己。小学阶段更多不是自我的"怀旧"，而是帮助需要的人去达成"怀旧"的心愿，这是一种美好的行为。青少年时期是展望未来的大好时期，通过"怀旧"让生长更有质地。

【活动案例】

留住祖辈的念想

一、情景再现

"爷爷，这里房子好高，好多呀！比我们家原来住的气派多了！"一个稚嫩的声音传入耳畔，"爷爷，小心！靠这边走，这条路还在修建呢！"

一位老人牵着他的孙儿，看着周围大片拆迁中的废墟良久才回应："这里应该有棵桑树，虽然树干上会爬几只小蚂蚁，但是那紫红的桑葚味道真好，还可以泡酒喝；那里应该有口老井吧，夏天把木桶放进井里，提上来的水都是透心凉……如果回到这里还能看到这些，那该多好呀。"

二、现象分析

爷爷说的这块宝地，不久的将来就是"低碳、生态、智慧、宜居"的奉贤南桥新城。思言小学就诞生在这块具有浓厚文化气息的大地上。带着儒香走向未来，学校要做的就是寻找文化的根，留住文化的情，做"有根的德育"！为了留住祖辈的念想，学生们就在这样的背景下开展了行动。

三、实施活动

（一）制订行动方案

德育室邀请学校行政、家委会、教师、学生、校园周边基地负责代表，共同研讨"留住祖辈的念想"活动方案，汇集大家意见和建议，制订和完善行动方案，并递交活动领导小组讨论决定。又把活动方案下发年级组长、班主任、家委会等，传达方案精神，部署具体的要求。

在学校的大力支持下，学校腾出一间教室，开辟了寻访中心。中心分设调查组、整理组、保障组等，主要由家委会成员担任中心工作。每个负责成员又担任各班级 QQ 群的管理工作，定期发布活动信息，发动班级学生家长，配合学校做好寻访工作。

于是，在美丽的校园里，有了一个特别的地方：汇思亭廊,有风雨廊、儒香亭、言子学堂、一家亲展示馆。我们把"祖辈们的念想"用多种形式"请进"学校的"汇思亭廊"。这里的一草一木、一砖一瓦体现着教育的精神，这里的一物一景、一风一俗赋予着道德的力量，让我们沉浸之中。

（二）开展寻访活动

——寻访物质文化。随着新城建设的推进，很多事物将随之消失，为留下这些美好的记忆，学生们首先要做的就是探寻校园周边即将拆迁但具有意义的纪念物品。每天放学家长来接送时，学生经过拆迁的地方，停下来看看是否有价值的东西被遗弃了。双休日，在家长志愿者的带领下，学生走村串巷，寻访老房子、老物件，并请教当地的老人，让爷爷奶奶讲讲老物件的故事和历史，在征得同意后学生们或把它们直接请进了汇思亭廊，或用手中的相机通拍摄和记录下来,配以文字的介绍。学生们用自己的行动,在寻访体验中感受着祖辈的念想。

——寻访"非遗"文化。奉贤历史文化底蕴深厚,据说非物质文化遗产有数十项。学校结合"留住祖辈的念想"行动,请"非遗"文化入校园,让校园逐步成为"非遗"文化重获新生的新阵地,这也是我们的责任和使命。以争创"'非遗'小达人"为目标,通过上网、进图书馆、参观博物馆等,了解奉贤非物质文化,让"非遗"文化在孩子们的心底扎下美丽的根须。我们寻访到白杨村山歌的传人、皮影戏的传人、清音班和彩碟的传人、撕纸的传人、滚灯的传人,等等。诚恳邀请"非遗"传人把"非遗"项目植入校园,并以课程的形式让学生亲近"非遗"文化,培育"非遗"传承后备军,让"非遗"文脉在校园绵延,并焕发出勃勃生机。

(三)开设寻访课程

我们整合各类物件,开设了"触摸乡村生活""感受旧物""探寻金汇港""了解'非遗'文化"展区,将"留住祖辈的念想"民俗文化纳入校本课程,让千百年所形成的淳朴、善良、勇敢、自信、诚实等优秀品质在这里传承,在每一个学生的心灵烙上传统的根、文化的情。学校开设民俗文化大讲堂,在"言子学堂"定期举办主题讲座,不断扩大学校民俗文化教育的影响力。此时,我们的小言子就是一个个小小解说员,为前来参观的师生、嘉宾讲述老物件背后的故事和历史。同时学校成立"贤文化小小研究室",聘请奉贤贤人、民间艺人等开展研讨活动。让小言子在关注、寻访、研究、体验"祖辈念想"中感受我们祖先在日常生活中积累的优秀品质,培养学生对家乡的热爱、对先辈的敬重感,增强学生民族自信心,增强对国家、对民族的认同感和责任感。

四、活动反思

走进思言小学的汇思亭廊,参观者都会惊叹早已难觅踪影的老物件:织布用的梭织、夏天的蒲扇、冬天的烫婆子、布鞋……感慨奉贤地域非物质文化展示墙的创意和价值。胡桥滚灯、庄行土布、金汇皮影戏的"非遗"文化内涵,激起参观者心中的念想。他们驻足触摸老物件,让自己的念想随意飘荡。"守住祖辈的念想"系列的寻访活动,潜移默化感染我们的学生,让他们在行动中主动担起这份责任,共同留住祖辈的根,守住文化的情。

我们也想悄悄地对爷爷说,爷爷,请你别伤感。那棵桑树、那口古井,不久的将来,也会走进我们的校园,到那个时候,我们会牵着爷爷的手,一起找回我们的念想。

九、传承的力量

【心理学小知识】

非物质文化遗产是指各种以非物质形态存在的与群众生活密切相关、世代相承的传统文化表现形式,它强调以人为核心的技艺、经验、精神,是诞生在广袤的农村大地与人民群众生活中的绮丽瑰宝。在地域文化生态环境中孕育滋养,是我国的文化交流名片。

在当今城镇化进程不断加快的背景下,非物质文化遗产的发展面临严峻的挑战。一方面,"非遗"传承人举步维艰,难以吸引年轻受众的参与,导致传统手艺人后继乏人。另一方面,非物质文化遗产在当今审美风尚下,难以做到古老文化与现代设计理念的融合,无法为传统技艺文化与现代人们搭建沟通的桥梁,导致受众参与度不够,甚至面临消失的现实威胁。

在传承方面,要强调社会力量的参与。"非遗"之所以面临中断的威胁，很大程度上是因为古老技艺无法与现代设计理念融合，无法做到把握时代脉搏，书写当下生活。针对这一问题，既需要传承人群积极创新，为古老技艺融入现代设计与审美理念，赋予其新的文化内涵，注重非物质文化遗产的生活化、商品化与品牌化，又需要贴近人民群众，从小众化走向大众化，把其文化内涵传递给更为广大的年轻受众，实现社会价值与经济利益的平衡。这样既提升人们对于优秀传统文化的认同感与自豪感，又有力促进当地经济发展，实现双赢。

此外，还要注重媒介传播，用数字化手段助力"非遗"保护传承工作。除电视、报纸等传统媒体外，还要通过微博、微信、短视频等网络媒体加大"非遗"文化宣传力度，积极开展"非遗"进校园活动，举办"非遗"文化艺术节等，打造"非遗"传承智库，激发公众参与热情。

非物质文化遗产是人类智慧与自然力量的结晶，是泛着岁月风采的传统经典，它强调以人为核心的技艺、经验和精神。"非遗"的温情源于生存而获得的知识理性，以及由此形成的求真、趋美、社会担当的人文情怀。中华民族正因为有了这样广博厚重、独属自己的文化瑰宝，方有文化自信的内涵与底蕴。

【*活动案例*】

让"非遗"链接你我她

一、情景再现

"脚对脚，卖草鞋；草鞋卖嘞贱，买只羊，羊叫，买只鸟；鸟飞，买只鸡；鸡咯咯哒，生个同黄蛋；拎到鲁家汇，拔弎提篮鏊……"

在开展"生涯巡回周"的时候，小铭同学的爷爷被邀请来班级为全班同学表演当地方言儿歌。听着这首儿歌的节奏，有些同学觉得很有趣，跟唱起来；有些同学拼命听，却一个字也听不懂，叫嚷着，这是什么？这是什么？……顿时教室里炸开了锅。

二、现象分析

本班学生外来随迁子女占了70%，五湖四海的学生汇集在这里，对当地的文化不熟悉，导致了一些文化差异，也为班级建设带来了一些问题。

问题之一：这是一首儿歌，用傒僗话来演唱。傒僗话是奉贤区金汇地区的方言，也是世界上元音最多的语言。邀请来的爷爷是土生土长的当地人，对傒僗话情有独钟。本地学生因为相对熟悉方言，听了儿歌感到比较亲切；有一些同学觉得好奇，想了解；还有一部分学生感到排斥。这种情况也违背了班级开展"生涯巡回周"的目标。本次"生涯巡回周"目的之一，是通过了解"非遗"职业，让学生亲近"非遗"，走进"非遗"，做"非遗"的小习人。

问题之二：非物质文化遗产凝聚着先辈的智慧结晶，是中华民族传统文化的珍贵记忆，学校周围也汇聚着一批"非遗"文化，如白杨村山歌、傒僗话、皮影戏、清音班和彩碟等。可如今，当城市高速发展，我们的生活越来越现代化的时候，还有多少人记得老祖宗留给我们的文化遗产？班级倡导"我做'非遗'传习人"活动，但是又有多少学生能真正去感受"非遗"、亲近"非遗"呢？就算本地的学生，其实能听懂傒僗话的也不多，也无法理解唱这些儿歌内在的意义。还有一些孩子对当地优秀的传统文化不屑一顾，认为是土玩意，不值得学，于是去盲目追求电子、信息等高科技产品。眼花缭乱的网络游戏让学生的心变得越来越浮躁。

如何把三拨学生的心凝聚在一起，让"非遗"推动一班级，一家亲？经过一番思考，我们决定通过开展"我做'非遗'小习人"的活动，引导他们打破原来的群体，构建新型的小群体，让学生共同亲近

"非遗"文化,领略传统文化的博大精深,感受"非遗"文化的独特魅力,以追求优秀传统文化为荣,以体验"非遗"背后先辈们的匠心精神和创造精神形成正确的价值观。

三、实施活动

(一)组团采访,一起走近"非遗"传人

我们发动班级学生自由组团,开展采访"非遗"传人活动,在采访活动中,让学生感受"非遗"传人身上的品质,也为学生心中播下"非遗"之情。

一组同学相约来到了白杨村山歌传人严爷爷的家里,以下是摘录采访的片段:

学生:严爷爷您今年多大了?

严爷爷:70了。

学生:您会什么乐器呢?

严爷爷:我会拉二胡,吹笛子等。

学生:严爷爷,听说您是山歌"非遗"传人,能给我们讲讲您的故事吗?

严爷爷:好的,说起山歌首先要说说奉贤的山歌王朱炳良。他生于1909年。出身于贫苦农民家庭,从小当裁缝做长工,没进过学堂读书,他喜爱学唱山歌,拜师学艺,刻苦认真。他没有文化,但记性之好,令人叫绝。奉贤最著名的山歌是《白杨村山歌》。我是从70年代开始接触山歌的,当时唱山歌只能口传,靠记忆记下来,也没有固定的曲谱。后来有了录像,为了能让孩子们能更好地学唱,我就把我唱的山歌录下来给孩子们听,把山歌编曲并记下来,方便流传学唱。

学生:您在传承的时候有遇到什么困难吗?

严爷爷:语言上的困难,现在很多本地的孩子奉贤话说的都不是很好。

学生：您最大的心愿是什么？

严爷爷：我最大的心愿就是能把山歌继续传下去。

学生：您觉得用什么形式开展"非遗"进校园项目？

严爷爷：可以试试在学校开个山歌班，一句一句地教孩子唱山歌。

通过采访，同学们深有感触，他们说通过拜访严爷爷，跟着爷爷唱《白杨村山歌》，感觉到这是一首有许多故事的长歌，爷爷年龄大了，却把每个字都唱得那么有力，一个字都不漏。这种精神，让大家很佩服。这首山歌不能失传，我们小学生要传唱下去。

（二）参观考察，一起体验"非遗"乐趣

我们还通过雏鹰假日小队，发挥家长志愿者的作用，带领学生参加上海大世界"非遗"展，包括"非遗"再设计展厅、数字"非遗"厅、"非遗"原生态展厅、"非遗"美食、传习教室、戏曲茶馆等。同学们还在"非遗"老师的指导下一起动手制作糖画、吹糖人、捏泥人等。活动中，同学们不仅学到了许多的"非遗"文化，感受到祖国的前进步伐，还学到了舞台上表演者"台上一分钟，台下十年功"的毅力！在参观、学习、体验的过程中，三拨同学之间有了进一步的沟通和交流，一些排斥"非遗"文化的学生也慢慢改变了态度。

在参观的基础上，还开设班会课，让同学们分享参观的感受，并发出倡议：中国是历史悠久的文明古国，我们勤劳、智慧的祖先，创造了瑰丽多彩、蔚为大观的非物质文化遗产。为了担当历史赋予我们的重任，维护全人类文化的多样性，学一点"非遗"文化，了解一些"非遗"知识，一起做保护和传承"非遗"文化的接班人，为社会发展注入持续的活力，为自己的人生获得丰厚的滋养。有的同学更是把自己家乡的"非遗"文化制作成小报、汇编成儿歌、拍摄成照片进行分享。这不仅跨越了地域范围，也让同学们的心凝聚在一起。

（三）分工合作，一起传播"非遗"文化

我们发动当地学生寻访收集当地的"非遗"文化、民风民俗以及其背后的故事等。同时把收齐的物品放在学校建立的"一家亲展览馆"中。每一件物品，让同学们自己记录收集的时间、物品名称、物品的作用以及内容介绍。

那么，如何把一家亲展览馆的"非遗"物品向更多的人宣传和介绍呢？我们让外省市的学生来做小小解说员，通过前期的培训，为前来参观的师生、嘉宾讲述"非遗"文化及老物件背后的故事和历史。让一个个胡桥滚灯、一批批庄行土布、一张张金汇皮影以及织布用的梭织、夏天的蒲扇、冬天的烫婆子、布鞋等，在解说员心里扎下根。

解说员小张同学介绍滚灯："瞧！这里的球就是我们说的滚灯。这些都是手工制作，使用材料是上好的毛竹。大灯球中套有小灯球，小灯球中固定灯光。滚灯是一项运动。它的动作核心是滚动和旋转。随着舞者的跃动，大灯球上下飞舞，小灯球亦在其中翻腾，而灯火却不熄灭，流光溢彩，美不胜收。上海以奉贤柘林镇滚灯最为出名，至今已有140余年的历史。王正荣老伯是柘林滚灯第五代传人。下面让我来演示一下吧……"

参观者听着宣讲员的介绍，看着表演，还驻足触摸老物件，或惊叹难觅踪影的老物件在这里出现，或被激起更多念想。同学们也在收集和宣传中产生强烈的自豪感，也更加坚定要共同留住祖辈的根，守住文化的情。

四、活动反思

每年的5月，学校都要开展校园儒香文化节，其中校园"非遗"

文化活动体验是保留的项目。学校还和雏鹰争章结合起来，设立了"非遗小习人章"。我们通过发动学生去体验各种非遗项目，体验一个，敲章一个，看看谁体验的多，谁更有收获。有些项目还需要几个同学一起合作完成，最终看完成度，会得到"非遗小习人章"。同学们在体验中表达自己的活动感受：

学生1：我学习了做香包。它用土布做成袋状，里面塞进干花，再用针线将袋口缝上，这样，一个好看的香包就制作成功了。我还学会了用各种土布通过裁剪和拼贴制作成迷你旗袍，使它成为一种即传统又时尚的艺术作品。

学生2：我了解到如何制作和表演皮影戏。首先要了解皮影的构造，分为头、身、四肢等，这些都经过绘制、涂色、连接形成整体，再由木棍支撑。我还通过演示，让皮影人物"活"了起来。不过，仅靠我一个人演皮影真不行，我和几个同学合作，一起来演，受到了同学们的好评。

学生3：你能听得懂我唱的意思吗？我会用傷傣话来朗诵儿歌了，傷傣话是这里的方言，也是世界上元音最多的语言，我为是奉贤人而到骄傲！

学生4：我终于得到了"非遗小习人章"了，我也就是奉贤的一员了！我爱奉贤！

渐渐地，在"学做非遗小习人"的过程中，同学们不仅了解了"非遗"知识，还通过采访、参观、体验、合作、竞争等多种形式、多种途径，让不同的群体，有了归宿感、幸福感。笔者也相信，文化可以凝聚人心，文化令人自信，"非遗"文化因为有了我们学生的参与，那些祖辈们唱过的歌、跳过的舞、扮过的戏、做过的手工定一定能在未来重放异彩。

第二节　基于心理学的生长性亲子活动案例

一、放下孩子　拥有自己

【心理学小知识】

每到开学初，幼儿园小班、小学一年级的孩子都要离开爸爸妈妈们温暖的怀抱，开启崭新的学习旅程。这时，很多家长深感自豪的同时，内心深处或多或少也有些担忧，担忧孩子离开了自己能否适应全新的生活？担忧在幼儿园、在学校里是否会被欺负？特别是幼儿园要上厕所、要喝水、要吃饭这些问题是否能很好的安排？……当看到孩子离家远去的背影时，家长们深感失落，失落于孩子不再牵着自己的手；失落于孩子不再24小时陪伴着自己；失落于孩子开始有了另一个喜欢的地方……

很多时候，孩子是极其敏感的，他能感受得到大人的感受。有时孩子吵嚷着不愿意去学校，多半是因为看出来，家长舍不得自己离开。

这时就产生了分离焦虑。一般分离焦虑是指婴幼儿因与亲人分离而引起的焦虑、不安或不愉快的情绪反应，又称离别焦虑。但在这里，分离焦虑不仅指孩子与大人分离引起的焦虑，也指成人与孩子分离引起的焦虑。

英国精神病学家约翰·鲍比（John Bowlby）把孩子的分离焦虑分为三个阶段。

（1）反抗阶段：嚎啕大哭，又踢又闹。

（2）失望阶段：仍然哭泣，吵闹减少，不理睬他人，表情迟钝。

（3）超脱阶段：接受外人的照料，开始正常的活动，如吃东西，玩玩具,但是看见母亲时又会出现悲伤的表情。所以有些孩子白天好容易不哭了,放学时一看到家里人来接,就会突然哭得特别委屈。这样的孩子,家长和教师要多给一些爱和关注,因为这些孩子比其他孩子需要更长的时间来适应改变。

孩子的分离焦虑比较容易理解,因为孩子不能选择要不要去幼儿园或学校,去哪个幼儿园或学校,也不能选择谁将成为他新的培养者,谁将成为他新的朋友。他只能选择如何去应对和适应新的环境和新的对象。因此根据三个阶段,家长和教师非常必要辅助孩子顺利度过分离焦虑的阶段。

比如采用心理学上的"小步子训练法",第1周的星期一和星期二,家长可以根据孩子的实际情况陪同孩子玩2小时,星期三至星期五,尽量让孩子自己活动,带班教师在旁指导和组织,和孩子建立初步的信任感。第2周开始让孩子与父母分离的时间进一步加长,从而帮助孩子逐渐适应与父母分离一天的事实。同时尽快建立新的稳定的依恋关系,给孩子带来内心的安全感,会促使孩子主动探索周围的世界。帮助孩子提早了解集体生活方式的具体情况,指导家长进行有针对性的训练,如练习自理大小便、独立吃饭、独立穿脱衣服、系鞋带等。同时了解孩子在幼儿园的作息,包括进校、早餐、午餐、午休、离校等问题,在家里练习并让孩子适应,以便于孩子尽快适应幼儿园的作息时间。

那么,家长因为和孩子分离自身产生了分离焦虑该如何做呢?

【辅导案例】

我不知道该如何管了

一、情景再现

最近一次心理咨询值班,在下班前半小时的时候,热线电话铃响了起来，是一名高一学生的家长打来咨询电话。电话那头情绪非常激动，声音也比较急促，有点失控，略带哭腔，断断续续说她和儿子之间的事情，并一再表达困惑。

以下摘录了来电的主要内容：

1. 我不知道怎么办好。

2. 他原来是一个乖巧、诚实、有礼貌、孝敬长辈、依赖我的好孩子，可现在骗人、说谎、对老人不礼貌……我从小就在这些方面培养得很好。我和爱人的关系也很好。

3. 我为了让他读好一点的学校，想了许多办法，才让他进入了这所学校。

4. 开学后第一周，他进步明显，全家高兴，还给他买了部手机，后来考试时却用手机作弊，被学校警告处理。后来听说他谈了女朋友，女生已提出了分手。

5. 昨天说要去理发，理了个很难看的小平头，我接受不了。今天应该去读美术班，也没去，他在QQ上留言说不回来了。他不知道，其实他的QQ密码我都能进去的。还有他写的日记呀，随手发的状态呀，我都能看到的。

6. 孩子从小都是由我负责的，学习呀、生活呀，我老公也帮不上忙。这样的孩子，我不知道该如何管了。

二、现象分析

1. 青春期的孩子和母亲之间的纠结。从依赖母亲的孩子，变得有了自己的主见，家长一下子不知道怎么办好了。

2. 母亲不认同孩子的变化。处于青春期的孩子会花更多时间梳洗打扮，创立自己的形象，而且他们会尝试各种不同的身份，同时行动变得隐秘，开始远离家人，退出家庭活动，更愿意与朋友打交道。面对这种情况，母亲不认同，担心孩子会变坏。同时从就读学校、买手机、谈女朋友等事情，母亲感觉孩子离自己越来越远。

3. 孩子在母亲面前还是比较自然的，包括手机、QQ、日记本等之类，都没有设置特定的密码，并且也清楚母亲知道这些密码，说明孩子在母亲面前不设防，母亲不以为然。

4. 当母亲碰到这些困惑时，也不会求助孩子的父亲，而是一个人承担，认为这是她一个人的事情，撑不下去了，才打了热线电话。可以看出夫妻关系亲密性不够，母子关系比夫妻关系更加紧密。

三、开展疏导

（一）倾听家长的心声

因为在电话里，看不到对方的表情，只能听过声音进行判断咨询者的情绪变化。但是不管在什么情况下，咨询者都应沉着稳定地倾听，并设身处地、感受咨询者的内心世界，让对方感动于咨询师的理解与陪伴，自愿卸下面具，倾吐心声。

很多时候，家长能打来电话，说明这段时间对他们而言非常难过，被问题所困，不知怎么解决，不但心智混乱，而且对自己失去信心，不能接纳孩子，甚至不能接纳自己、不敢面对自己。

通过倾听，给家长一个整理自己思绪的机会，帮助他们理清问题所在，让他们有勇气去面对困难、面对自己。

（二）疏导和孩子的关系

1. 关于失业

母：如果没有孩子，我就失业了。

师：他已经成人了，15岁前他可以属于你，现在他属于自己。恭喜你，你已经顺利毕业了。你可以开辟另一个产业了。

2. 关于发型

母：我实在看不惯他的发型。

师：以后看不惯的地方会更多，他们接触社会比我们要多得多，他们这个年龄有自己的审美眼光，其实你不是看不惯他的发型，而是无法容忍他没有听你的，而是听了他自己的。

3. 关于网上留言

母：如果今晚不回来，就再也不要回来了。

师：如果你真这么说，就像向他宣战一样，我估计，你一定会输，而且会把他赶得更远。这真的是你的意思吗，如果真的那么坚定，你也不会打这个电话了。这不是你的本意。

4. 关于最好的"作品"

母：孩子是我最好的"作品"，我唯一的兴趣就是孩子。

师：好的作品，应该要让更多的人去欣赏，你一直藏在自己的身边，别人是无法看到的。

（三）引导家长感受角色的变化

师：你希望你的孩子全部听你的话呢，没有任何主见呢，还是希望他有自己的想法？

母：母亲脱口而出：全听我的。（之后呵呵笑了笑。）

师：你的孩子是7岁呢，还是17岁？7岁的孩子和17岁的孩子有什么不同？（回忆7岁送孩子读幼儿园的情景。）

母：十年前，他还是一个7岁的小男孩，到了该读幼儿园的年龄了，我送他去上学，到了门口，他哭着嚷着，就是不愿意去，还说，妈妈，不要离开我，不要离开我。我心里如刀绞一般，后来狠狠心，头也不回地走了……

师：当初为什么没听孩子的话，狠心离开了他？

母：他长大了呀，他必须要读书的呀。如果我一直陪着他，怎么读书呀……

师：很好，那时孩子舍不得离开你。现在再回忆一下，平时你和你孩子一天怎么相处的？

母：平时我早上叫醒他，给他做好早餐，然后看着他吃完，再目送他去学校。晚上等他回来，一起吃晚餐，看他做作业，有时准备点水果。如果放学晚了就很着急，看到他头发长了，就陪同去理发。

师：很好，现在看看你和你的孩子，是否倒转了方向。你像一个孩子缠着他不放，让自己所有的注意力都集中在他的身上，而你的孩子倒像曾经的你，现在轮到你该成长了。

（四）让家长在反思中成长

在母亲倾诉中，适时地点拨，让她回忆，她和孩子之间互动之后，孩子的反应。

1. 你唯一的兴趣就是我。

2. 你可以像其他妈妈一样逛个街、做个美容、打打牌吗？你要有自己的兴趣。

3. 你要来看看心理医生了。

以上三句话，是儿子送给她的，从中也可以看出，孩子已经具有独立的人格，成熟的表现，从判断、建议、转介等办法，来帮助母亲放开孩子。

最终，母亲若有所思地说：看来我真的该找点事情做，该怎么做呢？

（五）一点建议

1. 了解孩子的动向，知道孩子交往的朋友，适可而止，放在心里，否则适得其反，没有孩子愿意自己的妈妈盘问他的朋友，那会让他感到难堪。他有自己结交朋友的自由，不要妄加揣测和评判。给孩子一点空间，相信孩子不会坏到哪去，也不会变到哪去。他一定会回来。从小在温馨氛围中成长的孩子，再坏也不会坏到什么程度的。

2. 很平静地等待孩子回来，回来之后，不多问，该做什么就做什么。把你挑剔的眼光尽量收敛起来，只要孩子头发、衣服不太出格，就应该放他一马。别计较那些小事，专注于关键问题，让家里的情感温度始终保持稳定。

3. 把注意力从孩子身上转回到老公身上，譬如晚上和老公一起去散步，一起到外面吃顿饭，一起运动。

4. 找个时间，和孩子谈谈，表明他已经长大了，除原则性的事情，其他可以让他自己做主，妈妈不再干涉。如果有问题，欢迎儿子来问妈妈，妈妈一定有问必答。原则性的问题有：违法违纪、早恋、没事请假不上课、结交社会闲散青年等。

5. 要解决孩子作弊行为的疏导，你们当初错失了教育的良机，现在要弥补一下，让他知道：他的出发点是好的，目的是让自己的成绩在原有让家长感到高兴的基础上更好。目的是正确的，方法是错误的，应该寻找更好的方法。

6. 要解决恋爱失败的疏导。让他知道恋爱除了异性吸引外，更多的是责任和义务，让他学会担当，尊重别人，考虑别人的学业压力、鼓励别人有更好的学业发展，知道什么时间段做什么事情。

7. 寻找自己的兴趣所在，在空闲时间内开展自己的兴趣爱好。

8. 尊重孩子，承认孩子已经长大成人，尊重孩子的隐私，容许有自己的小秘密，没得到孩子的同意，不擅自看他的 QQ 和信件等。

四、咨询反思

一个人的成长会经历很多重要的转型期，有些是阶段性的，比如上幼儿园、上小学；有些则是里程碑式的，比如青春期。对于青春期而言，很多孩子可能从性格到行为都会来个大翻转，让我们大跌眼镜。同时，青春期的孩子会做一些家长眼中的蠢事。作为父母，也需要成长，成长为青春期孩子的父母，了解青春期的小知识，掌握一些青春期与孩子沟通的方式方法，这样我们就会坦然面对这个阶段，不必对这个阶段的孩子大惊小怪。我们能做的就是做好自己的转型，支持和帮助孩子顺利度过这个转型期。

二、温馨家庭　你我共建

【心理学小知识】

家庭是孩子第一个教育场所。家长是孩子的第一任教师。家庭环境对孩子有着重大的影响。家庭环境包括物质环境，如满足家庭成员吃、穿、住、行的经济条件，家具摆设、风格氛围等。这些都会对孩子有所影响。在家庭环境中，有一个容易被忽略的环境，就是家庭心理环境。

家庭心理环境也叫家庭心理氛围，它是指在一定的家庭物质环境和文化环境下，家庭成员在家庭生活中逐渐形成的感受、情绪和态度等心理状态的总和。积极的家庭心理环境能提供给家庭成员安全、稳定的氛围，形成亲密、和谐的亲子关系，使孩子获得正向的情感从而增强学生抵抗外界不良风气的能力，提高自身抗逆能力的作用。那么，不良的心理环境让孩子缺乏安全感，感到伤心、自卑，使他们缺乏勇气去探索周围的多环境、新鲜的事物，容易形成怯懦的性格，并且难以与父母建立起亲密、信赖的关系。很多成人心理疾患要追根溯源到他童年早期的经历,即原生家庭的影响。可见童年时期对一个人的影响是巨大的。

建立和谐的亲子关系,是营造良好家庭心理环境的基础,也是家庭教育取得成功的重要保证。亲子沟通是家庭生活的重要组成部分,也是建立和谐亲子关系的主要途径之一。

亲子沟通具体是指父母与子女通过信息、观点、情感或态度的交流,达到增强情感联系或解决问题等目的的过程。与孩子谈心或是交流相关事情,是家长关心、关爱孩子的表现,父母的关切能够让孩子感受到温暖和谐的亲子氛围。

从沟通入手,创设关心的环境,给予积极的期望是促使家庭温馨心理氛围形成的重要途径。

【辅导案例】

一起营造温馨家庭心理环境

一、情境再现

学校为营造"温馨家庭心理环境"开展了一次调查活动,分别从"鼓励性的语言,消极性的语言,积极的肢体语言,反感的肢体语言"等入手,设计四套不同的问卷,向学校学生进行调查:一是我最喜欢或最希望从父母嘴里听到的话;二是我最反感从父母嘴中听到的话;三是我最希望看到、感觉到的父母的表情、动作等;四是我最忌讳的父母的表情、动作等。每套问卷发出 500 份,全部回收,然后进行汇总,提炼出二十条,以选择的形式再进行调查,最后根据票数罗列出前十条、前五条等。通过让家长和孩子共同完成"加减乘除法",把测出的分数偏低的家庭以及有需求的家庭,组织起来,开设团体心理辅导活动,让家长和孩子在活动中共同成长。

二、现象分析

（一）温馨家庭心理环境从沟通入手

平时一说起亲子沟通，我们眼前马上会浮现出一个场景：有人在说，有人在听，彼此说与听之间的互动，似乎就成了沟通的全部。其实，在与人交流沟通时，即使不说话或不多说话，凭借面部表情、眼神、姿势等肢体语言也可以发挥沟通的作用。美国心理学家艾伯特·梅拉比安公式就印证了这么一个道理：信息总效果＝7% 言词＋38% 语调＋55% 表情。从这个公式上我们可以看出：人际交往中信息沟通只有 7% 是由言语进行的，更多是来自声音、神情和肢体语言等，而我们很多家庭亲子沟通中却忽略了这些重要的地方，温馨家庭心理环境，需要从温馨的家庭文明言行入手。

（二）温馨家庭心理环境需要家长和孩子共同创造

调查发现，父母和孩子的表诉并不匹配，有的家长认为家长氛围非常好，但是孩子不这么认为。有的孩子只想让父母摸摸自己的头来表达他们的爱，但是这种需求并无法得到满足，更多的家长认为语言上的鼓励比抚摸更重要。

三、开展活动

（一）鼓励家长要多使用鼓励性的语言

1. 什么是鼓励性语言？鼓励性语言是指父母用来激发孩子思维，增强孩子信心，引导孩子思考，帮助孩子成功的关怀语言。

2. 鼓励性语言的作用？因为孩子年龄还小，心智尚不成熟，正处于世界观、价值观形成的重要时期，因此特别需要家长的积极引导、正面教育。从心理学角度来说，满足孩子的成功感和成就感，令孩子心情愉悦，必将进一步推动孩子取得成功。

3. 通过心理故事的宣讲来进一步强化鼓励性语言。如：第二次世界大战期间,美国军方招募了一批纪律散漫、不听指挥的人到前线打仗,请来心理学家帮助管理这些人。心理学家要求这些人每个月都给家人写一封信,信的内容由心理学家拟好,告诉亲人他们在前线如何勇敢、如何听指挥和立战功等。半年之后,这些人竟都变了样,变得像信中所说的那样勇敢和守纪律。是什么力量使他们变"好"了呢?就是那良好愿望的暗示作用。

4. 引用美国心理学家威廉·詹姆斯的名言:"人性最深刻的原则就是希望别人对自己加以赏识。"一个没有受过激励的人仅能发挥其能力的20%~30%,而当他受到激励后,其能力可以发挥80%~90%。正确地运用鼓励性语言,不但能使孩子内心愉悦,乐观向上,更重要的是能让孩子肯定自己,增强自信,对孩子心理健康发展起到了非常大的促进作用。

5. 注意事项:在鼓励性语言中我们还会引导家长看到孩子希望得到父母鼓励性的语言都是简洁干练的,特别不喜欢家长"接二连三"式的肯定和喋喋不休的说教。干脆、简练的嘱咐有时会更见效。此外,我们提醒父母对孩子的鼓励肯定时候,不能脱离实际给予过高的期望,也不要对凭借孩子一般的能力就能达成行为加以大力表彰,父母应实事求是地调整对孩子的期望,让孩子感受到父母是自己成长的港湾,是坚强的后盾,永远是心底最有分量的支持。

6. 布置家庭作业:每周与孩子一起寻找家中的一个温馨小故事并讲一讲。

(二)鼓励家长要减掉反感性的语言

1. 了解什么是反感性语言。反感性语言指的是消极暗示性语言。

2. 了解反感性语言的危害。它通过侮辱性的、暗示性的劣性信息给孩子以伤害性刺激,引起孩子焦虑、烦躁、不安、厌恶等不良情绪,激起孩子怨恨心理，报复幻想，甚至闭锁心灵，影响正常的学习与生活。

3. 学会在说出话之前先认真思考。我为什么要说这些话？我说的这些话想要达到什么的目标？孩子听后会有什么反应？对孩子的一生会产生什么样的影响？

4. 学会把握批评的度。注意在批评的时候一定要注意分寸，要让孩子理解是孩子这件事做得不好，而不是因为这件事做得不好，把这个人完全否定掉。批评有很大的技巧，特别需要有建设性的批评。

5. 注意事项：减掉这些反感性的语言后，那作为家长如何表达自己的想法，让孩子也比较容易接受？说得好能使孩子改变坏习惯，得到好心境；说得不好会引起孩子的逆反心理，甚至给孩子造成反感，对立的情绪。对于一些不适合直接同孩子当面说的话题，可以采取留便条，写封信，向孩子推荐一篇文章、一本好书、一个故事、一幅画等方式进行沟通。

6. 布置家庭作业：每周与孩子共读一本励志书籍，并鼓励说一说：我们是……，我们有……，我们能……。

（三）鼓励家长使用好积极的非语言沟通

1. 学习艾伯特·梅拉比安公式，知道非语言沟通方面的重要性。我们让家长明白：在艾伯特·梅拉比安公式中信息总效果如果减掉7%的语言，那么剩下的93%就是属于非语言沟通方面。我们时常通过学习，不断提高自己的语言表达和词汇量来更好的转达我们所要表达的思想与含义。殊不知我们平时忽略的非语言沟通起到了决定性的作用。

2. 了解非语言沟通的种类。根据心理学家的研究可以分为语音音调、目光接触、空间距离、手势、触摸、身体导向等。这些非语言沟通，通过视觉、触觉、听觉等多种感官传达给对方很多的信息。

3. 现场操练模仿。譬如关于视觉训练，让家长与家长之间进行角色扮演，一人当家长，一人当孩子，并进行交流。

4. 注意事项：鼓励家长使用好积极的非语言沟通。感受到在开口之前，首先看到的是对方的身影，于是给了这次谈话一个最初的印象，好的非语言沟通能提高父母的吸引力，很多时候不在于说了些什么，而在于是怎么说的。一个较好的姿势、一个良好的肢体语言会让这次谈话有一个良好的开端，并把语言之外的内在含义透露或传达给对方，而对方也捕捉到这些信息，给予相应的反应。

5. 布置家庭作业：每周开展抱抱行动，如抱抱父母、抱抱爷爷奶奶、抱抱叔叔阿姨等。

（四）帮助家长消除消极非语言沟通

1. 了解什么是消极的非语言沟通。

2. 了解消极非语言沟通对孩子的伤害性。积极的非语言沟通能营造出宽松、融洽的交流氛围，那么消极的非语言沟通就能制造出紧张、威严的审判式氛围，这比反感性的语言的危害更大，持续时间更久。

3. 开展家长团体心理辅导。通过心理辅导让家长明白，父母首先要相爱，然后要学会关心自己，同时父母要经常检查自己的情绪，需要保持良好的心理状态，同时避免父母本身固有的某种个性弱点会带到和孩子沟通的过程中，时刻注意自己本身的个性局限，如对社会的抱怨和消极的认识，放下焦虑与烦躁，怀着"爱与感谢"之心。

4. 布置家庭作业：每周选一首积极向上的歌曲，譬如《隐形的翅膀》《真心英雄》《感恩的心》等，全家一起练唱。

（五）开展争创温馨家庭亲子互动大赛

通过家长培训，不断创设温馨的家庭言行环境，让家长掌握家庭文明言行，学会与孩子良性的互动沟通；让学生感受到家庭的温暖，增强进入社会这个大家庭中面对困难的信心和支持力。在此基础上，通过亲子互动比赛，来加固及促进家庭心理环境的创建。

创建温馨家庭心理氛围亲子互动大赛内容

活动项目	活动内容	活动的目的	活动过程
第一环节说一说	家庭组介绍	提升家庭自信心和加强家庭凝聚力	家庭人员介绍：我们是……，我们有……，我们能……，再加上一句家庭快乐口号，譬如：快乐面前齐分享，困难面前齐分担等
第二环节演一演	我家的温馨小故事	进一步创设家庭温馨的氛围，激发亲子和谐关系，提高精神支持力	每一家庭根据实际情况，挑选在创建温馨家庭中最感人的一个故事进行3分钟的表演
第三环节赛一赛	家庭互动游戏"穿越障碍"	1. 增强亲子之间沟通理解能力 2. 让孩子意识到面对困难时，自己不是孤单一个人，除了自身的力量，还有家人的坚强后盾 3. 增强克服困难的勇气和信心	划好区域，放上大小球若干和纸牌若干，孩子当蒙眼人，家长当指挥员。孩子从起点开始摸黑往前行，家长只能在起点处用语言指挥，孩子根据口令慢慢穿过球海演示的障碍，脚若触及球就等于碰了障碍，途中可以去拣牌，拣到一张牌可以消除一次障碍。看在规定的时间内，哪组家庭组最快通过球海
第四环节唱一唱	演唱歌曲	通过歌曲演唱，进一步激发家庭中蕴含着无限的潜力，获得更强大的力量，增强自信	每组家庭从《隐形的翅膀》《真心英雄》《感恩的心》等歌曲中挑选一首，进行演唱比赛

(续表)

活动项目	活动内容	活动的目的	活动过程
第五环节 抱一抱	拥抱行动	通过拥抱,从小家庭过渡到大家庭,感受到集体的温暖,社会的支持的力量	从拥抱自己小家庭的成员,到大家庭拥抱,看谁在5分钟内拥抱的次数最多,哪个家庭就获得胜利
第六环节 颁奖		评选出十佳温馨家庭和单项家庭奖	

四、活动反思

（一）家长方面

关注内心，学会沟通。很多时候孩子的问题都是家长的问题，通过让这部分家长参加温馨言行加减乘除法的团辅训练班的系统学习，让家长掌握有效亲子沟通的方式方法，同时学会从自身出发，关注自己，放下焦虑和烦躁，保持良好的心理状态，既提升父母的个人素养，又促进了父母与孩子的共同成长。

（二）学生方面

温馨家庭，增强自信。幸福的家庭就是生活的快乐港湾，法国著名启蒙思想家、教育家卢梭曾说过："家庭生活的乐趣是坏风气的毒害的最好良剂。"家长掌握沟通秘籍后，在与孩子亲切的交流沟通中，让孩子充分感觉到安全、稳定的氛围，形成了与父母之间亲密、和谐的亲子关系，从而使孩子获得源源不断的正向的情感，切实地增强了抗逆能力。

（三）家庭心理环境方面

通过亲子互动活动的开展，进一步营造出关怀与期望并存的温馨的家庭氛围，而这些多种形式的积极关注和比赛进一步促进了个体和家庭整体的自尊和自信。

三、亲子阅读　快乐起航

【心理学小知识】

亲子阅读是家长和孩子在轻松愉悦的气氛中，共同阅读图书的活动。当家长和孩子一起阅读的时候，是感受到被需求的，是最好的陪伴，最好的倾听。此时此刻，家长是属于孩子的，不属于手机，不属于工作。把心放在孩子身上，诚心地念书给他们听，也可以了解孩子对书籍的感觉。念书给孩子听，可以察觉孩子内心深处的想法，这是在日常生活中比较难了解到的。这时双方的关系，将成为日后亲子沟通及人际关系的基础。教育孩子的前提是良好的亲子关系，亲子共读是培养良好亲子关系的有效途径。

作为家长，要在和孩子的阅读中重温童年的快乐，同时感受到孩子的酸甜苦辣。家长要做终身阅读者、学习者。当父母和孩子一起阅读的时候，会让家庭流动着温暖隽永的爱。虽然在一起共度时光的形式多样，但唯有读书，无论大人还是孩子，不管何时何地，都能触动内心，引起共鸣，并彼此心意相连，甚至会成为终生回味的美好记忆。

作为家长，还要知道一个人的理解力在很大程度上取决于过去大脑中存储的经验和知识。有丰富阅读经验的人，具备丰富的词汇量，能够快速提取、理解听到的或看到的语言的意义。而阅读贫乏的人，脑中所储存的经验和知识相对贫乏，听到的或读书看到的语言、词汇，较少地与已知的语言、词汇发生联系，听课、读书的理解力就相对较差。大脑中神经元连接的数量、额叶中神经元突出的数量，在孩子时期逐渐增加。

亲子阅读就是以书为媒，以阅读为纽带，让孩子和家长共同分享多种形式的阅读过程，在阅读中获得最大程度的享受和愉悦，不仅是书本的内容，更是关系的和谐。试想如果有人经常紧紧地拥抱孩子，用温柔的声音对他说话，孩子就能通过肌肤的接触和语言的交流，感受到亲情。阅读可以说是大人与孩子进行心灵沟通的媒介。阅读的过程可以不断激发对话，并在对话中沟通感情，让亲子关系更加融洽。

随迁子女的父母因为忙无暇顾及孩子，或者父母在外打工一直不在孩子的身边，学校能为随迁子女家庭做点什么？如何让这些孩子也能享受到"亲子"阅读的快乐呢？

【辅导案例】

为随迁子女家庭的孩子插上快乐阅读的翅膀

一、情景再现

思言小学随迁子女的家庭占比较多，在一次调查中，发现这些孩子的阅读现状也不容乐观：① 家长观念落后，长期忽视阅读。有71%的随迁子女家长不懂什么是课外阅读，认为学生只要完成教师布置的作业，上好课，考试能考个好成绩就可以了。有29%的随迁子女家长认为多读课外书会影响学生的正常学习。② 学生兴趣不浓，主动性差。有56%根本没有阅读的兴趣，许多学生把时间花在看电视上，缺乏阅读的自觉性与主动性。③ 不懂阅读，好书难觅。大部分随迁子女家长自身没有阅读习惯，也没给孩子买课外书的习惯。长此以往，学生自然不可能读到比较多的优秀图书。④ 缺乏指导，收效甚微。由于学生年龄特点，往往不懂得如何去选择图书进行阅读。

二、现象分析

随迁子女的家长忙于工作，无暇指导孩子进行课外阅读，学生不能掌握正确的阅读方法，即使是读过几本书，也往往是囫囵吞枣，收效甚微。这些孩子的阅读能力的薄弱制约着文明品质、行为习惯等综合素养的提高。还有一部分家长，他们各方面表现优秀，关心学校各项工作，积极参与学校的各项活动，乐于为学校的发展出谋划策，多次以志愿者的身份协助学校参与管理，也初步形成了一支乐于奉献、有时间、有能力的家长志愿者队伍。而从学校师资队伍来看，每位教师都承担着比较重的工作量，再加上班级人数多，随迁子女人数多，让老师花更多的时间关心每个孩子课外阅读情况，有些力不从心。在这种情况下，我们觉得通过家校合作，发挥家长志愿者的作用，共同肩负起培养随迁子女的阅读兴趣和阅读能力，并且在阅读书籍过程中培养专注、坚强、爱心、互助、感恩等综合品质，这是一项非常有意义的工程。

小学语文课程标准也明确指出："九年课外阅读总量应在400万字以上。"课程标准中对学生阅读的课外读物也提出了建议，如通过童话、寓言、故事、科普、诗歌、散文等，鼓励培养学生广泛的阅读兴趣，自主选择阅读材料，倡导课堂阅读教学延伸到课内外。此外，21世纪是一个知识经济的时代，是人才激烈竞争的时代，它对人才的知识、技能提出了较高的要求。我们的学生，仅靠有限的课堂阅读教学是远远不够的。尤其是随迁子女，他们更需要通过阅读来引导正确面对纷纭繁杂而又丰富多彩的世界，不断提升他们的整体综合素质。小学阶段的随迁子女，朝气蓬勃，求知欲强，精力充沛，思维活跃，正处于记忆、积累的黄金时期。他们不仅渴望物质上的富足，更渴求精神上的极大满足，课外阅读可以让他们在知识的海洋里学会思考、开启智慧、润泽心灵，从而使身心得以健康的成长。

三、开展活动

前苏联著名教育家霍姆林斯基把阅读比喻成"既是思考的大船借以航行的帆,也是鼓帆前进的风"。中国古代的士大夫说"三日不读则面目可憎"。可见一个人的阅读,对个体的精神成长是非常重要的,没有阅读就不可能有个体的心灵成长,阅读是消灭无知、贫穷与绝望的终极武器。

(一)活动目标

1. 调动家长参与教育的积极性,缓解随迁子女家庭教育的薄弱情况,为随迁子女健康成长创造有利条件,形成家校合作的新途径、新举措。

2. 满足家长关心教育、支持教育、丰富人生、回报社会的美好愿望,为社会树立新时代的楷模,提高随迁子女家长育人意识。

3. 增强随迁子女阅读兴趣,提高阅读能力,提升整体综合素质,使其身心健康、快乐的成长。

(二)设计内容

1. 构建多元开放的阅读环境

确立大教育观、大资源观,整合家长优质人力资源,发挥优秀家长的主观能动性,构建家校互动的多元开放的阅读环境。

2. 凸显社会热点和难点

随迁子女健康成长是全社会工作热点和难点,本设计是根据学校实际来开展的,着力于利用家长志愿者来提高随迁子女的课外阅读能力,不仅是关爱随迁子女的一种方式,更是推动随迁子女综合素质的提升、推进和谐社会的发展的一种举措,具有深远的意义。

3. 抓住随迁子女综合素养培养的切入点。本活动提高随迁子女阅读能力的培养上,把阅读作为综合素质培养的主抓点,培养阅读能力就如给孩子一对飞翔的翅膀,而通过选择富有意义的、学生感兴趣的素材作为素质阅读,给了孩子飞翔的方向。

4. 形成比较规范的运作模式

本活动是在国内外阅读培养研究现状的基础上,设计并实践出一套切实可行的运作模式。通过汇编一套适合随迁子女的快乐阅读读本、制定一份家长志愿者阅读指导的工作手册、建设一支具有影响力的家长志愿者队伍,最终形成一种家长志愿者阅读指导运作模式,具有可操作性,具有辐射意义,可以借鉴和推广。

(三)具体操作

1. 阅读书目汇编工作

(1)征集阅读书目或篇目。为了让优秀的书籍满足随迁子女成长的需求,由学校德育室作为主负责这项工作,向全体老师、学生、家长征集好书,并填写好书推荐表,包括书名、作者、出版社、故事的大致内容、推荐的理由等,学校再整体审核,由图书馆负责购买或复印其中的重要篇目。

(2)汇编课外阅读手册。我们共汇总适合不同年级阅读的童话、寓言、故事、科普、诗歌5种类型,涉及花草、动物、气象、生活、常识等,每种类型8篇的阅读文章,形成一份快乐阅读读本,还制定了阅读评分表。

(3)根据阅读水平分组。以一年级随迁子女为例,我们在一年级第一学期学生有了基本的拼音阅读能力的基础上,从第二学期读书节开始,打乱班级,由语文教师把全年级随迁子女的学生名单进行汇总,并根据他们的阅读的速度、理解的能力、阅读的兴趣强弱分成不同的阅读水平小组,主要分为红色组、橙色组、黄色组,每天早上开设半小时左右的自由阅读时间,让孩子们选择适合自己的水平的读物进行快乐阅读。

2. 家长志愿者队伍培养工作

（1）家长志愿者推荐。由家委会发出倡议，由各个班级推荐有时间、有兴趣、有阅读能力的家长到德育室。由德育室进行汇总，根据推荐表进行选拔培训。

（2）家长志愿者培训。由德育室、家委会组织召开家长志愿者培训工作，根据培训积分推选出一批胜任工作的家长志愿者人员。包括：家长志愿者专题培训、技能培训、观摩培训、评比培训、模拟训练、知识检测等，通过不同类型的培训让家长志愿者提高自身的指导能力，熟悉随迁子女身心特点、阅读状况、具体操作流程和方法，担负起陪伴孩子，指导随迁子女阅读的工作。

（3）家长志愿者执胸卡上岗。通过家长志愿者培训，明确具体要求，在正式上岗前，志愿者需要佩戴好胸卡到各自的班级阅读区域开展阅读指导。

3. 实施步骤

家长志愿者开展的情况主要由班主任负责，每天志愿者家长来校后到班主任处签名，领取材料，开展阅读指导工作。整个设计的操作分为以下10个步骤：

（1）家长志愿者来到教室专门阅读区域，去教室书橱档案柜领取不同水平孩子阅读的文章，每个水平都有8篇。

（2）负责班主任按名册去教室把孩子逐个叫出来。

（3）让孩子挑选文章，准备好之后就开始朗读，掐表看时间，限时一分钟。

（4）在孩子一分钟的阅读时间内在他读的文章上用蓝色笔圈出他错误的地方。

（5）等他全文读完，再计算出他在规定内读了多少字，计算好读错了多少个,正确的有多少个。

(6) 家长志愿者对孩子读错的地方加以指正,并从头到尾给孩子大声朗读一遍。

(7) 接着让孩子再重新读一遍,依旧是一分钟,用红笔圈出错误点,最后计算成绩。

(8) 所有两遍阅读都完成后,孩子还要做相关的阅读题目,并打等第分。

(9) 全部完成后,阅读纸反面还需要更详细地记录孩子这次阅读各方面的情况,包括时间、题目、等级、两次成绩、阅读理解题的分数,还要写简单的评语。

(10) 孩子阅读的资料会带回家,由家长根据上面的情况进一步指导。每个孩子一周轮到一次,下周继续开展,看每次是否有所进步。

(四)总结阶段

1. 评选出优秀阅读书目或篇目奖。根据学生选择该篇目的阅读的次数和朗诵的感情进行推荐。

2. 优秀家长志愿者评选。根据家长志愿者工作的表现,学期结束前,根据工作情况、教师、学生评价等,学校评比出优秀家长志愿者并进行表彰。

3. 评选优秀阅读小达人。根据学生阅读表现,学期结束前根据家长志愿者每次登记的阅读水平能力汇总情况、班主任对该生的行规表现、语文教师对该生的阅读能力评价、家长对孩子的评价等进行综合评定,评选出学期阅读达人并进行表彰。

(五)注意要点

1. 家长志愿者根据计划认真参加,不无故缺席,如果有特殊情况可以和其他志愿者调换,如果无法调换提早一天和德育组联系,并做好登记和评价工作。

2. 学生阅读能力水平根据实际情况进行适当调整。

3. 家长志愿者要鼓励孩子，尊重孩子，多培养自信，不要勉强孩子。家长志愿者对孩子阅读表现必须保密，不能跟其他家长"八卦"。即便是好的情况也不可以，只能向老师反映。

4. 随迁子女家长要根据自家孩子阅读情况，加强家庭阅读指导，在指导中重点激发阅读的兴趣，同时提高家长自身的阅读能力。

四、活动反思

1. 充分调动了家长参与教育的积极性，满足了一部分家长关心教育、支持教育、丰富人生、回报社会的美好愿望，让一些优秀的家长脱颖而出，切实缓解了随迁子女家庭教育的薄弱情况，并通过创设良好的阅读氛围，为随迁子女健康成长提供了必要保证。同时也为校园、社会树立新时代的楷模，带动随迁子女家长育人意识，主动关心孩子的思想品德、心理健康和学习情况，真正担负起了做家长的责任。

2. 培养了随迁子女阅读的兴趣，提高了阅读能力，提升了整体综合素质，通过精选的诗文，学生喜读、乐读的文本内容，让孩子们在诵读中咀嚼经典，启迪心性。在家长志愿者尊重、鼓励、指导的情况下，带给孩子"诵"的热情，"学"的兴趣，"思"的启迪和"智"的润泽。

3. 形成了学校、家庭、社会的和谐关系。不仅使校园充满了书香，也在家庭中形成了创建学习型家庭的局面，让随迁子女浸润在书香之中，品读优秀文章，培育优秀品质，使其身心健康、快乐的成长。在整个过程中，教师也感受到家长志愿者的付出，随迁子女的家长也感受到其他家长对自己孩子的关爱，家长志愿者也在这过程中因为付出也收获到了内心的喜悦和满足，自身也得到成长。

附1

一年级随迁子女阅读手册（目录）

类型	序号	篇目	字数	适合
花草类	1	《郁金香》	50字左右	黄色组
	2	《向日葵》	50字左右	黄色组
	3	《牵牛花》	50字左右	黄色组
	4	《蒲公英》	50字左右	橙色组
	5	《小柳树》	50字左右	橙色组
	6	《小小蝴蝶小小花》	80字左右	红色组
	7	《水仙花》	80字左右	红色组
	8	《绿草地》	120字左右	红色组
动物类	9	《萤火虫》	50字左右	黄色组
	10	《小贝壳》	50字左右	黄色组
	11	《小蚱蜢》	50字左右	黄色组
	12	《小小蟋蟀》	80字左右	橙色组
	13	《兔子笑什么》	80字左右	橙色组
	14	《地球仪上的小蚂蚁》	80字左右	橙色组
	15	《井里的小青蛙》	100字左右	红色组
	16	《蜻蜓的小伙伴》	150字左右	红色组
气象类	17	《摘星星》	20字左右	黄色组
	18	《风》	50字左右	黄色组
	19	《日出》	50字左右	黄色组
	20	《不睡觉的小雨点》	80字左右	橙色组

(续表)

类型	序号	篇目	字数	适合
气象类	21	《问银河》	100字左右	橙色组
	22	《七彩的虹》	150字左右	红色组
	23	《雨后》	150字左右	红色组
	24	《月亮升起来的时候》	150字左右	红色组
生活类	25	《为啥我没跑第一》	50字左右	黄色组
	26	《跌倒》	80字左右	黄色组
	27	《小脚丫走天下》	80字左右	橙色组
	28	《种太阳》	80字左右	橙色组
	29	《不学写字有坏处》	100字左右	红色组
	30	《学好样》	100字左右	红色组
	31	《妈妈在》	150字左右	红色组
	32	《你别问这是为什么》	150字左右	红色组
常识类	33	《中秋夜》	50字左右	黄色组
	34	《端午谣》	80字左右	黄色组
	35	《十二生肖歌》	80字左右	黄色组
	36	《忙年》	100字左右	橙色组
	37	《十二月花歌》	100字左右	橙色组
	38	《十二月水果》	100字左右	橙色组
	39	《节日歌》	120字左右	红色组
	40	《有趣的图形》	150字左右	红色组

附2

整体运转流程图

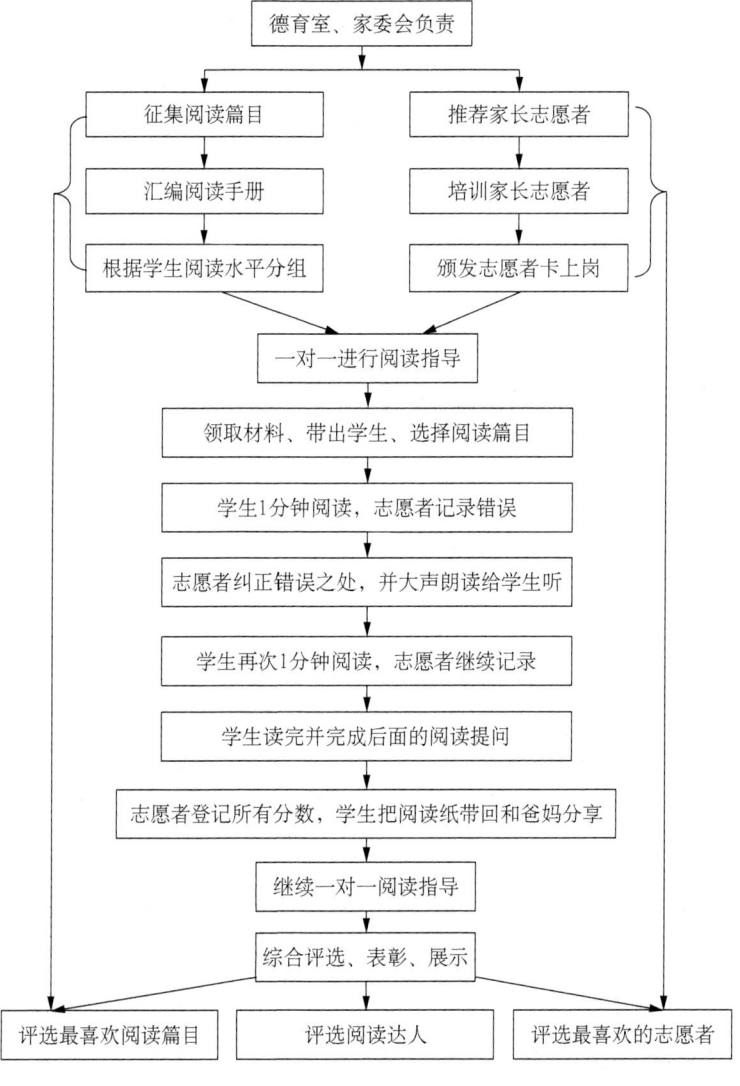

四、心理游戏　心灵相通

【心理学小知识】

通过心理游戏能有针对性地指导解决人们存在的自我意识、学习潜能、情绪调控、沟通交往、生存意志、心灵成长等方面的困惑，有效地帮助解决集体建设中面对的如环境适应、成功激励、合作竞争、感恩责任、创新拓展等难题。

亲子游戏是家庭内父母（包括血亲关系的亲生父母与拟血亲关系的继父母与养父母）与孩子之间，以亲子情感为基础而进行的一种活动，是亲子之间交往的重要形式。

亲子游戏不仅有益于亲子之间的感情交流，密切亲子关系，促进孩子的健康发展，而且对于孩子的实物游戏和伙伴游戏也具有重要的促进和影响作用。孩子在亲子游戏中获得的对待物体的态度、方式方法以及人际交往的态度、方法会迁移到孩子的实物游戏和伙伴游戏中去。反过来，孩子在实物游戏和伙伴游戏中获得的经验又会进一步丰富亲子游戏的内容。

但无论是独自游戏还是伙伴游戏，都比不上亲子游戏带给孩子在知识、经验和技能上的发展丰富。因为在亲子游戏的互动中，通过成人的引导与帮助，孩子能够更好地承担游戏合作者的角色，因而社会性交往水平要比伙伴游戏中的交往水平高；亲子游戏中的大量言语交往，有助于孩子语言的发展；亲子游戏有助于亲子间安全依恋的形成等。

只有当大人与孩子处于平等的地位时，游戏才能以最自然最真实的状态进行下去，才能够了解到孩子最真实的一面。在这种平等关系中，孩子不会觉得家长是为了教育而游戏，也更有利于孩子与父母在情感，在表达上的亲近。

【辅导案例】

栀子花开　欢乐快来

一、情景再现

思言小学的学生家长来自各个地方，如何让家长和孩子更好、更快地融入新的环境，形成良好的人际氛围呢？结合"给每一个孩子恒定的爱"学校办学理念，通过积极培育以校花栀子花代表的内涵：美丽、坚韧、醇香、爱心、恒定的生命本质，根据学生年龄特征好动爱游戏，结合校花栀子花内涵，设计系列的心理游戏，不断提升亲子的健康心理发展水平。

二、内容介绍

"我是一朵栀子花"心理游戏工作坊内涵，分为三层含义：第一，以"栀子花"命名，诠释栀子花的花语"美丽、坚韧、醇厚"，并作为心理游戏的底色，在孩子感知充满未知的希望和喜悦之中寄托着对美的追求；同时让教师、家长明白孩子的成长不仅需要自身长久的努力与坚持，还需要教师、家长的永恒的爱与约定。第二，工作坊以三层对象活动为主。包括学生团队、亲子团队、教师团队。让家长、教师一起夯实培育栀子花的土壤，让每一位家长做到"知子"，也就是了解孩子，走近孩子，陪伴孩子共同成长。第三，心理游戏以团队互动游戏为主。通过开展内容丰富、形式多样、针对性强、参与面广的心理健康教育活动，体验快乐，感受美好，提高学生的心理素质，开发学生的潜能，培养乐观向上的心理品质，促进学生人格的健全发展，真正达到"栀子花开，欢乐快来"的目标。

三、开展活动

（一）活动目标

通过栀子花游戏工作坊来达成三个要求：第一，遵循学生身心发展的规律，开展内容丰富、形式多样、针对性强、参与面广的心理健康教育活动，提高学生的心理素质，充分开发他们的潜能，培养不怕困难、坚持不懈、乐观向上的心理品质，促进学生人格的健全发展；第二，潜移默化地陶冶学生的情操，激发学生的学习兴趣、自信心和上进心，学会在团队中竞争、在竞争中合作，促进学生身心和谐发展，为学生的成长提供一个和谐发展的平台；第三，促进教师、家长、学生的互动三位一体及共同提高，帮助教师、家长提升自身的心理素养，共同培育美丽、醇厚、坚韧的栀子花底色。因此我们聚焦三大内涵，设计三大类课程包含亲子类、教师类、课堂类。

（二）筹备启动

成立工作坊领导小组。由校长担任组长，心理分管领导担任副组长，建立工作小组，策划工作坊行动计划，召开全校性教师大会部署具体工作。通过校园网、微信、家长群、横幅、校园荧幕等征集工作坊内容和对象，共形成了三大栀子花心理游戏工作坊，并开展启动仪式。每年5月举行"我是一朵栀子花"心理游戏节暨心理游戏工作坊启动仪式。有领导致词、心理分管领导宣讲活动方案、心理老师发出倡议、开展心理健康热身体验活动"栀子花开，欢乐快来"等，通过游戏来感受栀子花不管是阳光雨露的呵护下，还是风吹雨打的环境下，都能"美丽、醇厚、坚韧"地快乐成长。

（三）分层游戏

通过设计不同类型的心理游戏，如亲子类心理游戏、学生团体类心理游戏、教师类心理游戏等，让师生们在游戏互动中了解自己、认识自己,融入团队。

"我是一朵栀子花"亲子心理游戏

游戏名称	游戏对象	游戏目标	活动方法
棒棒游戏	学生和家长	亲子齐心协力,共同前进	1. 六人一组一个孩子一个家长围成一个圈,每人前后相距半米,可以根据学生年级适当缩短距离 2. 每人拿一根长短相同1米左右的木棒,木棒一头放地上,一头用手抓好 3. 游戏开始,一起喊口令,1、2、3,抓。每人顺时针,放掉自己的木棒,去抓前面一个人木棒 4. 看规定时间内,哪一组转动得快,同时木棒没有掉地上
圈圈游戏	学生和家长	亲子学会表达,通过语言为对方加油呐喊	1. 八人一组一个孩子一个家长手拉手围成一个圈,把一个呼啦圈套在起点的一个人手上 2. 要求不能把手松开,通过扭动身体,让呼啦圈从起点第一个人再一个一个穿过到最后一个人 3. 穿不过的时候,大家可以用语言来提示该如何穿过
球球游戏	学生和家长	亲子紧密联系,方向一致	1. 八人一组一个孩子一个家长排成一长排,每人手拿游戏道具托管从高到底接成一个管子,如果没有道具可以把书本托成半拱型当长托管 2. 一个孩子拿乒乓球(或其他小型的球),从管子最高处放下去,让球经过组成的管子,接到2米外的篮子里,如果管子没有了,要前面的拿管子的人快速再接上去 3. 看哪组在最快的时间内,把球接到篮子里,如果球掉地上,要重新开始

(四)分享感受

工作坊每个游戏培养的素养是不同的,有的是培养相互合作,有的是培养团队间的群策群力,有的培养细节、心态、耐性、组织规划、毅力的能力,还培养规则和纪律意识,规则不是惩罚而是保护。每次活动,我们会分享感受,譬如传球游戏,你给球压力,球就会跑,你给别人压力别人也会给你压力。

四、活动反思

赢得比赛的方式就是"稳住",稳住就是速度,欲速则不达,心态决定结果。从游戏中我们也不难发现,团队合作中每个人都有各自的工作,尤其是上边的人在给下边的人传达或者交接工作时,是否是无缺陷的。如果自己做得够好,速度把握得合理,那么出现问题的概率就会小。总之,不管是学生、家长、教师对游戏都很喜欢,并且在游戏的潜移默化中提升了心理素养。

第三节 基于心理学的生长性教师活动案例

一、汲取心灵营养 提升教师健康力

【心理学小知识】

人的成长可分为身体的成长和心灵的成长。身体的成长有其自然的规律,只要给予身体所需要的一定的营养和基本的活动,身体就会慢慢地长大,身体的成长遵循着从小到大到衰老的过程。而心灵的成长,同样需要的一定的营养和基本的活动,但随着社会、经济的飞速发展,对于心灵上的需求因为它看不见、摸不着,普遍被人们忽视或遗忘。教育是一个灵魂唤醒另一个灵魂,用一颗心感染另一颗心的事业。教师这个行业,更需要心灵的不断滋养,只有心灵的成长,教师才会明白各种心理问题的源头,并能加以面对和及时的缓解,达到自我的觉醒,最终知晓作为教师真正的使命是什么、成为什么样的人,并把心灵成长作为人生的目的和追求,丰润教育生涯。

作为教师,我们知道生活不仅是为了满足我们的物质需求,更是为了实现我们的精神价值。而心灵的成长,不是自动或偶然发生的,而是我们主动努力和追求的结果。任何对生命和自我的新的感受、体验和领悟都可以视为心灵成长的具体内容,在这里主要概括为:一个是外在给予的心理营养,另一个就是内在运作的心理活动。

1. 心理营养

"心理营养"是相对于"物质营养"来说的,身体的三大营养物质是指糖类、蛋白质和脂类,这些的汲取主要来自食物。所谓教师的心理营养,主要是指教师在职业生涯的不同成长阶段的心理需求,如

被接纳、被认可、被赞美、被尊重等。还包括不同年龄阶段，有着不同内心心理成长的规律。而这些隐性的元素，不同的个体在各个阶段如果得不到满足，也就形成了迥然有别的教师的个性差异。

只有被接纳、被认可、被赞美、被尊重的教师，他们的心理营养才是充足的，他们的职业生涯才是充满幸福感的。在校园生活中，与教师息息相关、共同经历生命历程的对象就是学生，唯有学生得到了主动发展、提升了生命质量，才能证实教师生命质量的层次。同时还有学校领导的评价和关注，家长的信任和认同，同事的支持和配合等，因此由他人反观自己、从外部力量到内部力量，不论人际关系互动、内部力量的激发、自身优劣势的分析，还是抗击挫折能力的增强，教师在学习、实践与自我认同中，逐渐扩展了自己的生命能量。

2. 内心活动

心理营养是来自外界的接纳、认可等，并积淀转化为内在的心灵的能量，并通过内心的活动再次增强能量的级别，内心的活动主要是试问以下七个问题，通过询问、回顾、反思等来促进内心的成长。

（1）我是谁？——认识承担的角色和自我特征。

（2）我在哪里？——认识自我发展阶段。

（3）我的环境如何？——周围和内在环境分析。

（4）我的总体状况怎样？——现状分析（身体、心理、优势、不足、机会、担心）。

（5）我要到哪里去？——目标的确立。

（6）我该如何走？——寻找专业发展路线。

（7）在我走的路上有何支持系统？——发展路线的保障。

如何汲取心理营养，促进教师健康力呢？

【活动案例】

汲取七彩心理营养　点亮美丽教师心田

一、教师心灵成长的意义

现代教育注重教师的专业成长。在各种专业中，其中有一项不是理论专业、学科知识、经验技能的提高，而是关注教师内心的心灵成长。教师心灵只有不断成长，才能汲取新的力量，不断涵养教师的气质，丰富教师的精神世界。

（一）心灵成长是教师生涯发展的内在动力源

面对社会、经济的飞速发展，教师所面临的各种生活压力日益增多，莫名的焦虑、失控的情绪、浮躁的心态、下降的工作热情等各种状况，在教师身上日渐显现。经过调研我们发现教师的压力是来自多方面的，如来自学生、家长、学校、社会、家庭以及个人心理素质的差异等，这些压力也给教师生理上和心理上造成了不同的影响。一个真正成功的教师，其职业的一切活动，都会给他的内心带来满足和愉悦感。也就是说他能驾驭并艺术地从事他所从事的职业，他具有强大的内心面对和处理所面临的一切问题。心灵成长就是教师生涯发展的内心动力源，会让教师孜孜不倦地投入教育教学中去。

（二）心灵成长是教师生涯发展的瓶颈突破点

特级教师李镇西曾说：我的教育历程分为五大部分，纯真与憧憬、激情与浪漫、困惑与反思、阅读与写作、光荣与梦想。纵观教师生涯，职初新教师虽有良好愿望，但因缺乏教学经验、方法，面对无序的课堂现状、相差较大的教学成绩，茫然不知所措甚至怀疑当初的职业选择；成长期教师如能脱颖而出，则公开课、各类比赛等压力也会相伴而至,成家与立业的双重压力也会使人失去平衡。成熟期教师已顺利走过第一次成长期,但如何应对职业挑战,跨过成长高原期,积极储备踏上第二次成长路又是一道坎。面临生涯发展的瓶颈期或高原期时,教师必须沉静下来,去面对困惑,去思考教师未来之路。只有调整好内心,才能有所突破。

二、教师心灵成长的七大行动策略

著名教育家叶澜教授强调:教师职业的使命不仅要"育人"还要"育己"。而"育己"首先要"育心"。没有教师生命质量的提升,就难以有教育质量的提升。教师生命质量的提升,关键在于其内在素养和品性的修炼,包括身心健康、人格健全、创造潜能等。为了实现教师的心灵成长的四大目标,我们引导教师不断发掘教师职业生涯发展的内在动力源,让教师脱卸疲惫,以饱满的精力、体力、心力投入到教育教学中。

彩虹是世界上所有色彩的聚焦,它绚烂多彩,它不怕风雨,因此我们以培育彩虹教师队伍为目标,让教师焕发出赤、橙、黄、绿、青、蓝、紫夺目光芒,让七彩光芒来照亮教师的心田,不断促进教师心灵成长。

(一)红色温馨聊天

红色是一种活泼热烈的颜色。在平时的忙碌的教育教学中,教师们习惯了紧张忙碌的灰色工作状态,特别一些教师由于整天忙于工作而无暇充实自己,不愿与人交流,变得易激怒。当教师日复一日面对复杂的教育教学环境时,就容易产生职业倦怠,很多教师采用的是沉默、压抑、回避,但负面情绪积累到一定程度就会一触就发,导致种种不良的后果。为了让教师们能有效缓解教育教学的压力,有个放松的空间与时间,学校创办"温馨聊天吧"。聊天吧的口号是:你不是一个人，让我们一起来面对。让老师们在轻松的氛围中，畅所欲言，交流互助，聊生活、聊工作、聊学生，在聊中放松心情、放下压力，让紧张、焦虑、浮躁的心灵在温馨的港湾休整一下。为了便于教师相互沟通的及时性、便捷性，聊天吧分为每月一次的"face to face"聊天会以及每天随时的"QQ 教师温馨聊吧"，通过以上两种形式，既让教师能面对面的聊天，也让教师们随时用 QQ 短信的方式来沟通。

（二）橙色静心写作

橙色是一种温暖的颜色。一人一灯一茶，在温暖的灯光下，让思绪漫步于书香之间。杨斌老师谈道：写作的过程是心灵表达的过程，是生命的倾诉过程，写作是从"心坎里唱出的歌"。写作的过程，还是心灵的发育过程、生命的成长过程，由稚嫩到圆熟，由单纯到丰富，不只是文笔的历练，也和思想的成熟、精神的发展同步。写作是将思维成果跃然于纸上，是将内在的东西进行外化，它使我们离开自己直接面对的世界。写作是颇具创造性的活动。作者写出了文章，写出的又不仅仅是文章，而是作者自己。写作是某种自我制造或自我塑造。写作是为了检验事物的深度，也是为了了解自身的深度。

（三）黄色心理技术实训

黄色是一种集聚能量的颜色。在日趋复杂的教育教学环境中，很多教师出现杯水车薪的教育瓶颈，如何更好地与学生、家长沟通，如何提高教师的沟通能力，成为了教师急需的一种实战性的能力，譬如角色适应力、心灵感悟力、情绪控制力、心理承受力、教育表现力。心理调适工作坊通过开展实训营，让老师们掌握教育和发展学生的心理学新技术，掌握管理和建设班集体的心理学新方法，从而提升教师班级管理艺术，让教师在教育教学中底气十足，从容面对。

实训项目安排

实训	课时	理论知识	实践操作	心理技术
倾听的收获	3	1. 倾听的定义 2. 倾听技术的内容说明 （1）老师身体的倾听 （2）老师心理的倾听 3. 倾听的功能 4. 倾听的注意事项	1. 游戏互动 2. 案例分析 3. 现场操作	房树人心理测量法在倾听中的使用
共感的魅力	3	1. 共感的定义 2. 共感的评定尺度 3. 共感的三个方面 （1）放下自己的参照标准，设身处地站在学生的角度共感理解内心感受 （2）学会把自己对学生的内心体验的理解传达给学生 （3）引导学生对其感受做进一步思考，从而促进其内在心理机制的恢复	1. 故事分享 2. 案例分析 3. 现场操作	沙盘疗法在共感中的使用
暗示的力量	3	1. 暗示的定义 2. 暗示的种类 （1）他人暗示与自我暗示 （2）直接暗示与间接暗示 3. 暗示效应 4. 暗示注意事项	1. 情景演绎 2. 案例分析 3. 现场操作	意象疗法在暗示中的使用

（四）绿色自主视读

美国诗人狄金森说："没有一艘船能像一本书，也没有一匹骏马能像一页跳动的诗那样，把人带向远方。"我们通过让不同工作年龄段、不同工作类型的教师们自主阅读相关心理教育书籍，观看心灵影视片，不断提升教师心灵能量。

教师心灵书籍推荐书目

类型	推荐书目
0~5年期教师	《教师最关键的第一堂课》《第58号教师》《教学勇气——漫步教师心灵》等

(续表)

类型	推荐书目
5~10年期教师	《如何阅读一本书》《教师一定要知道的99个健康细节》《教育中的心理效应》等
10~20年期教师	《为心灵解压——一本写给教师的心理自助书》《从"教育"到"辅导"》《教师的幸福人生与专业发展》等
20~30年期教师	《从树叶感悟生命》《读懂生命的语言》等
班主任	《班主任实用心理技术培训》等

教师心灵影片推荐目录

篇章	主题	影片介绍
第一篇章	教育信仰与教师人生	《黑板》：背负信仰的教师
		《凤凰琴》：守望教育
		《美丽的大脚》：张美丽的"穷人教育学"
		《我的教师生涯》：中国的"瓦尔瓦拉"
第二篇章	教育理想与音乐人生	《放牛班的春天》：音乐开启心灵
		《音乐之声》：玛利亚老师的诗性魅力
		《霍兰先生的乐章》：生命因你而动听
		《弦动我心》：教师成长的艰辛与灿烂
第三篇章	教育追求与专业智慧	《死亡诗社》：何谓好的教育
		《蒙娜丽莎的微笑》："我是自由女神"
		《心灵捕手》："问题"天才的使者
		《三傻大闹宝莱坞》：坚持梦想做回自己
第四篇章	学生成长与人间真情	《跑吧，孩子》：跑出希望的少年
		《天堂的颜色》：一个盲童的寻找
		《草房子》：真情永驻
		《家庭作业》：学生不能承受的生命重负
		《叫我第一名》：克服疾病成就自己
		《地球上星星》：爱心和耐心唤醒沉寂的孩子

在阅读或观看后，我们还以多种形式开展分享，譬如读书分享会、读书写作会、读书 PPT 展示、影视交流会等。无论何时，我们都说，阅读、看电影是自己的事，当读这些书、看这些电影的时候，必然是独处一隅，内心平和的时候，通过读书看电影，从而改变自己的心态。

阅读交流会交换卡

书　名		出版社		作者	
阅读目的					
内容简介					
印象最深的一句话					
推荐人				推荐日期	

（五）青色健康饮食

青色是来自大自然的颜色。有一名清华学子说：今后要为清华大学健康工作 50 年。什么是健康工作，那就需要教师有强健的体魄和健康的身心。教师的工作具有其自身的特殊性，但很多教师忽视自身的职业特点。教师在教学生涯中，因为长期的伏案讲学和来自多方面的压力加上没有规律的饮食，日积月累落下许多的职业病，表现在生理上的有咽喉炎、颈椎病、腰椎病，乃致下肢静脉曲张等；表现在心理上的有神经衰弱、失眠、情绪紧张等问题。为了维护身体健康，防止职业病，我们开设了教师饮食讲座，只有身体健康，才会有内心的动力。饮食讲座主要根据教师所想需围绕职业特点提出，多食益脑、养眼、利咽、抗疲劳、抗粉尘、对抗腿部水肿的食物,让教师了解职业病症形成的原因和具体的应对方法。

(六)蓝色有氧运动

蓝色是镇静减压的颜色。压力的后果是能量被抑制在体内,造成紧张和其他有害影响,体育锻炼有助于释放这种被抑制的能量。

教会教师一些放松的技巧,以便舒解自身的身心紧张。进行沉思、冥想或从事缓慢的松弛活动时,在体内会产生一种宁静气息,使心跳、血压及肺部氧气的消耗降低,使身体各器官得到休息。人在处于压力状态时,让生理反应平静下来有效的方式就是运动。因此,教师需要建立一个长期的、有规律的、适当的运动习惯,这是对抗压力的相当重要的方式。我们创编简单可操作的快乐操。通过运动、肌肉放松、音乐放松、冥想意象等方法有机组合,从而达到使身体逐渐进入一种舒缓、宁静的氛围中,忘却烦恼,心灵得以平静。

(七)紫色手环行动

紫色是一种关怀宽容的颜色。借鉴美国知名牧师威尔·鲍温发起的"21天不抱怨"活动,让有焦虑感教师戴上一个特制的紫手环,只要一察觉自己抱怨,就将手环换到另一只手上,以此类推,直到这个手环能持续戴在同一只手上21天为止。此活动重在心灵的自我修炼,不是一项比赛,也不是一项任务,强调教师的个人意愿,目的是提高教师的生命质量,提升教师的心理素养。

哲学家周国平所说:"由于生存的压力和物质利益的诱惑,大家都把眼光和精力投向外部世界,不再关注自己的内心世界。其结果是灵魂日益萎缩和空虚,只剩下了一个在世界上忙碌不止的躯体。"教师是人,同样也无法避免陷入这种困境,但教师又承担着灵魂建设高度的责任感,必须去更多地"关注自己的内心世界",谋求自我的灵魂充实和精神生长。培育彩虹教师队伍，促进教师心灵成长，就是为了让理性的七彩阳光照亮前进的道路，让感性的风霜雨露滋润生命，努力让教师具备那种博大而高远的精神，充实而圣洁的灵魂，虔诚而温馨的情怀和追求完美人生的信念。

【活动方案】

关系胜于一切

一、活动目标：学会管理情绪，提高与人相处的能力，建立和谐的人际关系。

二、活动对象：教师团队

三、活动过程

（一）暖身活动：**跳操放松**

目的：热身，自编"快乐操"，使大家情绪饱满地参与活动，一起跳起来。

操作：让参加团辅成员自由站立在空间大一点的地方，播放"快乐操"音乐，通过自编的简易五节操，热身并放松。第一节：想一想，有什么烦恼。第二节：抹一抹，把它们抹在一起。第三节：揉一揉，把它们都揉成团。第四节：抛一抛，抛向天空飞走了。第五节：喊一喊，快乐请进来。

（二）口香糖游戏

目的：打破彼此之间的距离感，增进亲密度，激发自身活力。

操作：参加活动的成员为偶数，有一人做发令员。规则如下：游戏开始的时候，请所有的人一起问发令员："口香糖，粘什么？"发令员开始发令，比如"口香糖，粘肩膀"。所有的参加者必须迅速找到另一个人，两人的肩膀粘在一起。最后肯定会剩下一个人，剩下的人自动变成发令员,原来的发令员回到人群中。请大家继续开始问"口香糖,粘什么",发令员继续发令。最后请所有做过发令员的人,一起上台表演节目。注意:主持人在开始的时候应该声明,像粘嘴唇、粘胸部等的指令应被禁止。

提问与讨论:为什么在一开始的时候有些不好意思?在工作中,有哪些情况要求我们打破自身的舒适区?我们的舒适区是如何产生的,如何拓展我们的舒适区?做完游戏后,人们之间处于一种什么样的状态?

(三)算术游戏——第二题错了

目的:关注别人好的一面、对的一面,让自己的人际关系更好。

道具准备:写有算式的纸条。

操作:将写有以下四个算式的纸条发给每个成员,观察他们的反应。

$10+11=21$;$23+21=45$;$34+12=46$;$45+21=66$

指导者引导成员思考讨论以下几个问题:

1. 在工作和生活中,你在什么时候,才会主动肯定别人?

2. 在工作中,有没有你做了很多事情,可别人并不关注的情况?而一旦你错了,是不是就立刻听到别人的"声音"?这时候你的感受如何?

3. 这个游戏还给你什么其他的感受?

(四)快乐大转盘

目的:制造热烈气氛;建立融洽亲近气氛。

操作:成员围成两个人数相等的同心圆,面对面相对而立。指导者宣布规则:在你面前的人,你可以有三种选择,与对方微笑、握手、拥抱。当你想微笑时,伸出一个手指并高举过肩;当想和对方握手时,伸出两个手指高举过肩；想和对方拥抱时，伸出三个手指高举过肩。如果对方和你的手指数一样，你们就可以按照你们的选择微笑、握手或拥抱。如果你们手指的数目不一样，你们就什么也不要做。你们只有很短的时间选择，活动结束后，指导者会高喊："向右迈一步。"所有的人听到指令后立即向右迈一步，然后与站在你面前的新人重复以上的动作，游戏开始。活动结束后团体分享：做这个游戏你有什么体会？

（五）撕纸游戏

目的：了解单向沟通和双向沟通，提高沟通能力。

道具准备：白纸。

操作：指导者发给大家每人一张纸，要求大家把眼睛闭上，告诉大家在活动过程中不允许提问题。指导者发令：把纸对折、再对折、再对折，把右上角撕下来；旋转90°，把左上角也撕下来。最后睁开眼睛，把纸打开。重新来一次，这次睁开眼睛可以发问。团体讨论：为什么第一次会有那么多结果？单向沟通和双向沟通的区别？现实生活和工作中，有哪些因素会导致沟通不畅？这个游戏带给你哪些收获？

四、活动评估

请成员用绕圈发言的形式，谈谈自己在本次活动中的感受。

二、把握情绪智能　提高教师调控力

【心理学小知识】

美国人心理学博士丹尼尔·戈尔在《情绪智力》一书中指出：一个人的成功，智力（IQ）只占小部分（20%），而情绪智能（EQ）占到大部分（80%）。其中，EQ包含认识自己的情绪、管理自己的情绪、有效推动自己、认识别人的情绪、做好人际关系五个方面。

教师的情绪智能在这里主要是指作为教师在其从事教育教学中识别和理解自己和他人的情绪状态,并利用这些信息来解决问题与调节自身和教育行为的能力。

情绪没有好坏之分。一个正常的教师,必然是有情绪的,没有情绪的老师,其实是有缺憾、不完整的教师,其教师的生涯不是有缺憾,就是极其痛苦的。了解教师情绪智能可以让我们更好地理解、控制和利用情绪。

情绪的出现,是我们从中学习的好机会。每种情绪都有其意义和价值,不是给我们指明一个方向,便是给我们一份力量,甚至二者兼有。如果我们没有不甘心落后的感觉,便不会如此发奋;如果我们没有恨铁不成钢的感觉,便不会把学生放在心上去辅导他、教育他;如果我们没有那种期待孩子会改变好,那么教育生涯会变得多么苍白!

如果情绪能被妥善运用,可以使教育变得更好。但是要"运用"它,必须先使它臣服,受你的驾御。情绪是生命的一部分,就像我们的手与脚、过去的经验、累积了的知识能力等,为我们服务,使教育生涯更加美满。可惜的是,在今天学校中有很多教师陷入了迷惘苦恼中,不能自拔,成了自己情绪的顺风草,而不是驾驭自己情绪。扭转这种情况,有很多技巧可以帮助每一个教师成为自己情绪的主人。

教师们会积累很多宝贵的经验,在很多事情的处理上,他们都有自信、周全、果断、坚定或者是冷静、轻松、巧妙,也或者是创造力、幽默感、随机应变、得心应手。所有这些能力,其实都是内心的一种感觉。细想一下,你是如何运用并获得成功的?即使有知识、技能和其他的资源去帮助你,如果不运用情绪这份资源的原动力,也是无法发挥它的效果的。

情绪没有好坏之分,但面对一些过度压力与刺激时,我们的情绪

就会出现无法控制的状况，明知道不应该那样做，却控制不了，从而伤害了他人或自己，产生无法预计的后果。作为教师，我们该如何做呢？

【活动案例】

把握情绪　提高情绪智能

一、提高教师情绪智能的意义

美国密歇根大学心理学家南迪·内森的一项研究发现，一般人的一生中平均有十分之三的时间处于消极情绪状态，这意味着我们在很多的时间内都需要同消极的情绪做斗争。因此提高我们的情绪智能十分必要，否则我们便很容易会被消极的情绪所控制。作为教师，引起消极情绪的源头可能比其他工种的人更多、更复杂、更琐碎，只有认识自己的情绪，管理好自己的情绪，有效推动自己，认识别人的情绪，处理好人际关系，才能让教师保持一颗宁静的心，静心地耕耘好教育这块田地。

（一）社会的浮躁，渴求教师提高情绪智能

陶行知老先生说过：三分教，七分等。我们也知道古训"十年树木，百年树人"。这都说明教育需要一个较长的周期和过程，决不能急功近利，拔苗助长。但是面对今天浮躁的社会，社会对教师的高要求，现代学生管理的高难度，工作节奏的高强度等，都需要教师提高情绪智能。

（二）自身的健康，急需教师提高情绪智能

现代社会中，教师面临着很多挑战，因为长期的伏案工作和讲学，再加上来自多方面的压力，教师心理健康问题已成为一个日益凸显的社会问题。另外，据上海市的一项统计，教师冠心病的患病率比其他群体平均水平高出六个百分点,国家有关部门对全国二十个行业从业人员的心理压力调查结果显示,教师排在第三位,仅次于消防人员和律师。国外也有调查表明,教师职业所带来的公众压力多于其他行业的人。

(三)职业的特点,要求教师提高情绪智能

教师的职业有其特殊性,他们每天面对的是人,是活生生的学生,而这些学生他们的价值观、人生观还没有定型,老师的一举一动、一言一行都将对学生产生深远的影响。很多调查表明,学生的不良情绪有80%来自身边的长者,这其中也包括教师。教师的言行、举止、思维、感受无时无刻不在影响着学生的情绪。如果一个教师带着负面情绪与学生交往,学生极易受教师的感染,而且情绪不好的师生双方都容易冲动,做出令自己后悔的事。车尔尼雪夫斯基曾说,要把学生造就成一种什么人,自己就应当是什么人。一个暴躁的老师必定会塑造一个暴躁的学生,一个温柔的老师也必定能让暴躁的学生变得平静。

(四)学校的发展,呼唤教师提高情绪智能

从教育发展之路来看,我们都认识到教育不仅仅是知识的传授,更重要的是对人的全面培养。有一大学教授曾深有感触地说:"现在不少年轻学子已很难平静地听完老师和家长的话,难以看完一本名著或欣赏完一首名曲;他们坚持不了听完最后一堂课;他们对基础理论课的学习不感兴趣。"他们只希望能收到立竿见影的效果,迫切希望能够快速成才,总希望找秘诀、走捷径。学校教育不仅为升学、就业做准备,更是为整个圆满的人生做准备。教育家蔡元培先生曾说过:"教育者,养成人格之事业也。使仅为灌输知识、练习技能之作用,而不贯之以理想,则是机械之教育,非所以施于人类也。"教育的首要目标不是灌输知识,而是养成人格。这些观点,在今天看来,依旧闪烁着智慧和理性的光芒，对今天的教育有着积极的意义。学校就应是一个教师潜心教书、学生安心读书的场所。

二、提高教师情绪智能的方法

刘墉在《心灵的四季》里告诉我："在我们日常生活中常可以发现，当心情平和的时候，似乎每一样东西都变得更美好；当我们心情宁静的时候，每一件事物都可以触发更多的灵感。如果我们能保持一颗沉静的心，就会对生活有更丰富的体味。"日本学者佐滕学也说过："如果能让教室的空气远离浮躁，让学生自然平静的声音重新回到教室，那么就能创造出平和气息的教室来。"要让学生获得平和，首先教师自身需要宁静的心，而教师保持宁静的心，就首先要提高教师的情绪智能。

（一）了解情绪周期，把握情绪动态

如果我们留意，会发现有些教师一段时间突然毫无来由地心情不好，干什么都提不起劲来，有时一段时间内却充满自信，积极投入，真让人摸不着头脑。其实很多时候是由人的情绪周期引起的，情绪周期就像一年有春夏秋冬的四季变化一样，在人的身体上有情绪地波动、有规律地演绎着。每个人都有情绪周期，只不过根据个人的性格特征，有的明显，有的不明显。所谓情绪周期是指一个人的情绪高潮和低潮的交替过程所经历的时间，又称"情绪生物节律"。人如果处于情绪周期的高潮，就表现出强烈的生命活力，对人和蔼可亲，感情丰富，做事认真，容易接受别人的规劝，有心旷神怡之感；若处于情绪周期的低潮，则容易急躁和发脾气，易产生反抗情绪，喜怒无常，常感到孤独与寂寞。

科学研究表明，人的情绪周期与生俱来。从出生的那一天开始，一般28天为一个周期，周而复始。每个周期的前一半时间为"高潮期",后一半时间为"低潮期"。在高潮与低潮之间,即由高潮向低潮或由低潮向高潮过渡的时间,称为"临界期",一般是2至3天。临界期的特点是情绪不稳定,机体各方面的协调性能差,易发生事故。人的情绪周期一般为五周,也有的人较短或较长。此外,女性的情绪周期相对比较容易统计,"低潮期"一般在行经前的一个星期左右以及行经期间。男性也有情绪周期但相对不太集中,需要自己更细致地统计。

情绪周期就像是人生情感的晴雨表,我们可以据此安排好自己人生的节律。情绪高涨时,安排一些难度大、烦琐、棘手的工作,人在良好的情绪状态下迎接挑战可以淡化畏难情绪。情绪低落时,做些简单的工作,也可以放下手头上的事,出去走走,多参加群体活动,放松思想,多向信任的亲人和朋友倾诉,寻求心理上的支持。情绪低迷时还坚持做复杂而艰难的工作,不仅效率不高,还会增加失败意识,并严重打击自信。

根据教师的行事历,设计简单的情绪晴雨表,让老师们在画一画、填一填中有意识地关注自己的情绪变化,并逐渐测算出自己的情绪周期。

我的晴雨表(月)

项目	关注我情绪,呵护我心灵						
	晴	阴	雨	雪	风	雷	自定义
第一周							
第二周							
第三周							
第四周							
本月总共( )天	我情绪最高涨的日子						
	我情绪最低落的日子						

（二）运用情绪调节卡，呵护情绪变化

有些教师为了争取更多的时间提高教育教学质量，会放弃原本休息的时间，竭尽所能，抓好学生的补缺补差工作。有时就算是午餐时间，很多学校老师特别是班主任，扒了几口饭后就进教室，我们应正确对待这珍贵的午休时间。我们设计情绪卡，在午休时让教师给自己一点心灵的空间，通过外在与内在的交流，让教师抛下负面情绪，有更多的精力和体力，愉悦、自信地投入下一个工作阶段，这样的状态会事半功倍。

机器能够一星期七天都运转，我们人类却无法这样。体力的消耗可以用睡眠、食物、放松和娱乐来补充，心灵的消耗需要休整内心、调节情绪、愉悦身心和爱来补给。调节情绪是孕育、培养和收获活力的途径，让心灵慢慢沉下去，不断降低苛求，减少冲动，更有耐心地对待自己和他人。相信这样可以使得老师更和谐地与学生、家长、同事等相处，老师的形象也将会更可爱。

以下是两款情绪调节卡：一款是每日情绪调节卡，让教师和自己的心灵每天有一次沟通的机会，梳理好自己的情绪。另一款是应激情绪调节卡，让教师在特殊情况下，控制好自己的情绪，有效地推动自己，避免冲动事情的发生。

每日情绪调节卡

编号	问题	你做到了吗？	
1	今天我最欣赏自己哪一点？		
2	今天我最想满足自己一个什么愿望？		
3	今天我拥抱了谁？		
4	今天我要成为哪个学生的伯乐？		
5	今天我应对什么心存感激？		

(续表)

编号	问题	你做到了吗?	
6	今天我怎样做才能活力多一点?		
7	今天我相信那个同学有能力改变自己。		
8	今天我怎么做让自己更愉悦一点?		
我今日心情指数			

应激情绪调节卡

编号	心灵对答	你做到了吗?	
1	暂停任何行动！快回到我的内心！		
2	我怎么了?		
3	我为什么会这样?		
4	我现在有什么感觉?		
5	我承认我有负面情绪。		
6	我相信我能调试好。		
7	我会有更好应对的办法。		
8	这只是暂时的，一切都会好的！		
我今日心情指数			

（三）放下自己的想法，关注对方的情绪

很多时候情绪的背后，是消极的想法，而我们这样的想法是否与事实符合呢，可能更多的是我们的多虑。厄尼·柴林斯基说过：我们所担心的事情，40%是不会发生在现实中的，30%是已经发生了的，20%是无关紧要的小事，还有5%即使担心也是无法改变的，剩下的5%才是我们要真正面对和改变的。因此我们让老师们不要陷入消极想法的念头中，建议每次给自己一点时间倾听他人，听听对方是怎么认为的，关注一下他人的情绪。

譬如：一名父亲要过生日了，读幼儿园的女儿花了好长时间准备了一份礼物送给他,当她把一个漂亮的小盒子送到爸爸眼前时,父亲感到很高兴,猜测着这是什么礼物。父亲打开盒子,发现里面什么也没有,非常地生气,呵斥道:你怎么可以这样骗人!爸爸这么辛苦地为这个家庭操劳,你还要捉弄爸爸……当父亲平息心情下来时,流着泪的女儿小声地说道:不是什么也没有,我在这盒子里吻了半天,里面满满地都是我送给爸爸的吻。相信如果这名父亲静下心来,先听听女儿怎么说的,那结果就不会如此"难堪"。

以老师们最头痛生气的问题——学生上课不认真为例,我们是否听过孩子是怎么说的,是否真如自己想得一般,就是因为孩子偷懒呢?可能原因还有很多,譬如学习内容无聊;任务活动无法激发学生兴趣;教学难度太大;学生不知道什么时候某些行为被允许,什么时候又不被允许;又如没有达到老师要求,老师反应不一样;或者家庭问题;或者根本不了解课堂发生了什么……美国教育家在研究学生不认真上课的原因经过统计有600多个因素,很多时候我们却不会深入探究,教育方法简单粗暴。只有对症下药,才会有疗效。

朱良俊老师指出,不肯留神听人说话,是无法受人欢迎的原因。在他参加的一次家宴上,主人的孩子随口说了这样一段话:9月1日这一天,孩子希望不是下大雨,就是少有的高温。大雨要大到马路上不能开车,高温要高到45℃以上,这样学校就不开学了。家长听后非常尴尬,认为孩子不愿上学,自己没把孩子教育好。而朱良俊不同意家长的看法,他认为孩子的意思是:暑假多好啊,可惜就要结束了,读书不快乐,但他又没办法不上学。要想不上学,只能希望不开学,而这他又做不到。于是,他就想到了"下大雨"或"少有的高温"。听了这一席话,孩子惊讶了,感动了,他认为爸爸妈妈连自己的话都听不懂,还是朱老师能够理解自己。

关注对方的情绪，能让我们更读懂对方，也容易走进对方的心里。教师就是要成为走进学生心灵的人，那样，我们的教育一定会更加顺畅。

（四）阅读心灵故事，让宁静成为心灵底色

阅读心灵故事，可以让教育回归自然。国内外都有很多经典故事，这些都是珍贵的非物质文化遗产，我们拥有它，心灵会变得更富足，内心也会更加平静，对教育事业的美好未来也更坚定不移。

譬如《金色的金盏花》的故事：在自然界中，金盏花除了金色的，就是棕色的，若想培植出白色的，并不是一件易事。因此，美国一家园艺所开出重金，希望得到纯白金盏花。20年后，园艺所意外地收到了100粒纯白金盏花的种子，寄种子的是一位古稀老人。老人是怎样培育出白金盏花的呢？原来20年前，她撒下了一些金盏花的种子，精心侍弄。一年之后，金盏花开了，她从那些金色的、棕色的花中挑选了一朵颜色最淡的做种子。次年，她把它们种下去。然后，再从这些花中挑选出颜色更淡的种子，年复一年……这期间，老人的丈夫去世了，儿女远走了，唯有种出白色金盏花的愿望在她的心中根深蒂固。终于，在20年后的一天，她在花园中看到一朵金盏花，它不是近乎白色，也并非类似白色，而是如银如雪的白。别人培育不出纯白金盏花，是因为他们只看到了金盏花的金色与棕色，老人培育出了纯白金盏花，是老人看到了金色的、棕色的金盏花中那一朵颜色最淡的，也就是最接近白色的那一朵。

这则故事时刻提醒我们，教育是急不来的，我们应该拥有智慧老人一样的眼光，当我们怎么也看不出学生某一方面的成绩时，就要去寻找学生最接近的某一点成绩，然后，以此为突破口，多一份对希望之花的坚持与捍卫，多一份以心为圃、以汗为泉的培植与浇灌，日复一日，年复一年，周而复始地培养，最终，我们也会和老人一样，培育出最美、最纯的花朵。

很多孩子的学习不好，不是智力的困难，而是心灵上的困难。只有细心、用心与爱心，才能得到学生发自肺腑的真言："一生中遇到的最棒的老师。"

教师，是一份有关梦想、有关心灵、倾注爱心、成就未来的事业！面对一个个鲜活可爱的面孔，面对一双双求知的眼睛，我们只能一次次默默地告诉自己，要努力，要加油，更要有耐心与爱心。让我们记住教师职业的本色追求，不断提高情绪智能，拥抱一颗宁静的心，在宁静中致远。

【活动方案】

改变情绪　运用情绪

一、活动目标：掌握调节情绪的方法，能做到摆脱负面情绪，保持积极情绪，并能应用情绪调节的技巧和方法解决问题，做情绪的主宰。

二、活动准备："情绪脸谱图"等

三、活动过程

（一）拍背游戏

1. 讲清规则：全体学员站成一圈，向后转，后面的给前面的拍背，轻重适合，让对方舒服为止，再倒回来做一遍。练习10分钟。

2. 开展活动：拍背时可关切地问：拍得重不重？往上还是往下点？你觉得这样拍感觉如何？……

3. 分享感受：

（1）因为距离太远，大家为了够得着对方跑了起来，很累。有时我们往往把注意力放在别人的身上，关注了别人的感受，而忽视了自己的。

（2）在活动过程中，总有人是跟随者，无怨无悔，也有人是指导者，发现问题，及时指出，并提出好的建议。

（3）爱和力量可以传递。

（4）每个人在活动中的表现反映了自身人际关系的一种模式：或主动、或被动、或指挥、或跟随。

（5）爱的表达要主动，不要等待，因为每个人都渴望别人爱自己。

（二）情感传递

第一轮：

1. 让学员站成一圈，并闭上眼睛。

2. 心理老师在这个圈外走几圈。然后轻轻敲一下某个学员的后背，这个学员就是"情绪源"。

3. 让学员们睁开眼睛，在屋内自由散开，学员之间可以相互自我介绍、握手、自由交谈，尽可能与更多人交流。

4. 指定的"情绪源"的任务就是通过眨眼的动作将不安的情绪（选用脸谱中的其中一个负性的标识）传递给屋内的其他三个人。

5. 任何一个获得眨眼睛信息的人要把自己当作已经受到不安情绪感染的人。一旦被情绪感染了，他的任务就是要对其他三个人眨眼睛，将情绪感染给他们。

6. 五分钟后，让学员坐下来。让第一个受情绪感染的人，即"情绪源"站起来，并一直站着。让"情绪源"旁边的三个受到情绪感染的人也站起来。再让这三个人旁边受到情绪感染的人也站起来。如此反复，直到所有人都站起来。让"情绪源"情绪低落下来。过一段时间，建议那些真正不耐烦的人现在可以坐下来。然后宣布，每个人，即使他们现在还感到低落，也坐下来。

第二轮：

1. 告诉学员，你已经找到了缓解不安情绪的"灵丹妙药"，而且这种"灵丹妙药"是通过真挚柔和的微笑传播的。因为大家现在被不安的情绪控制，急需这种"灵丹妙药"。

2. 让大家再站起来，闭着眼站成一圈。告知大家，你会选一个学员作为"微笑情绪源"，他会通过向三个人微笑，向他们提供治疗不安情绪的"灵丹妙药"。任何一个得到微笑的人应该对另外三个人微笑，作为回报。

3. 在圈外走几圈，但不要碰任何人的后背。在恰当的时候，假装你已经指定了"微笑情绪源"一样，微笑着说"开始"。

4. 让学员自由活动三分钟。三分钟后，叫停，并请他们坐下。

5. 请收到"灵丹妙药"的学员举手。

6. 请大家指出他们认为作为"微笑情绪源"的那个人。你会发现，大家会指向许多不同的人。

7. 告诉大家，实际上，科学没有研制出缓解不安情绪的"灵丹妙药"，也并没有"微笑情绪源"。

第三轮：

讨论和分享：

1. 有人笑了吗？有人情不自禁地笑了吗？

2. 回想第一轮，被不安情绪感染时，你有什么感受？

3. 在被感染后，是否有人真的开始觉得不安了？你是否注意到你的一些非语言或语言行为有所变化并反映了这种不安？

4. 是否有人尽力避免被感染？怎么避免？

5. 当微笑被传播时，你的反应有不同吗？

6. 在这个游戏的过程中，实际上是你想让别人对你微笑的期望促使你接受和给予微笑的。在现实生活中,你的期望是如何影响你的态度和行为的?你是如何养成自我完善的行为的?

7. 在现实生活中,在你的团队中,感情是如何传递的?当办公室里有人心情很糟糕时,一般会带来什么结果?人们的情绪是如何影响他人的?

8. 你的心情是如何影响你的同事的?

9. 什么情绪对大家的工作成绩影响最大?对你个人呢?

10. 一个团队的负面情绪对日常工作有什么影响?

11. 在现实生活中,你是如何避免被负面情绪感染的?为了建立自己的免疫系统和抵抗力,你应该做什么?

(三)团体评估

请成员用绕圈发言的形式,谈谈自己在本活动中的感受。总结与评估:在沟通中保持积极情绪的重要性。

三、调适压力期望 提升教师学习力

【心理学小知识】

"压力"是压力源和压力反应共同构成的一种认知和行为体验,一般产生于一些比较难处理、有困难和对自己有威胁的情况和事件。"期望"是指一个人根据对自己以往的经验和期望对象能力大小的感知,在一定时间里预期其能够达到某种目标或满足某种需求的期待和向往。

学生的学业压力和教师对学生的期待之间是怎么样的一种关系?澳大利亚对话网中提出了学业压力与导致学业压力的教师期望叫"压力期望"。根据牛津大学与新南威尔士大学教育学领域的教授进一步研究发现:"压力期望"更多来自学生认为自己"不得不完成的任务"

和"教师要求才完成任务"带给学生的影响。"压力期望"越高,会让学生对将来感知学习艰难程度就越高,从而失去学习的快乐和信心。如果降低"压力期望",又会让学生在后续学习中降低努力的程度。如何调节好"压力期望",使其发挥积极的作用,从而提升学生的学习动力呢?

【活动案例】

调节教师压力期望　提升学生学习动力

一、合理安排"学业任务",科学把握"压力期望"

教师发布作业,都会期待每一个学生能够及时地、正确地完成。对于不同学习能力和水平的学生而言会产生积极或者消极的情绪。教师要合理安排"学业任务",科学把握"压力期望",才能激发学生的学习动力。

(一)从"不得不完成的任务"入手

"不得不完成的任务"代表这个任务对学生而言是不想完成的,但是必须要完成的,也说明有一定难度,需要一定的时间。因此,转变学生的想法,先从教师布置的任务做起。

一是在布置任务前,给学生一定的时间,有具体的操作要点,有完成后的激励措施;二是教师在指导学生面对"有挑战的、有难度的任务"的时候,要把大任务分成若干个小任务,然后像闯关一样,完成一个小任务就打卡,这样心理上就不那么觉得有压力了;三是对于一些完成同样的学业任务感到压力重的学生,还要有帮教结对措施,让那些学有余力的学生帮助他们;四是教师要提高设计作业的能力,可以进行中长期作业,让这些"不得不完成的任务"变成"如此有趣的任务",从而提高学生的学习效率,使学习变得更有趣,促使学生拥有持久的学习动力。

(二) 从"教师要求才完成任务"入手

"教师要求才完成任务"代表这个任务不是学生内心想做的任务，也说明学生的主动性不强。因此，转变学生的想法，要从调动学生主观能动性做起。

一是教师不要对任务反复叮嘱强调。心理学上有一个"超限效应"，讲过多、过强或作用时间过久，会引起人的极不耐烦甚至是逆反心理。二是改变传统布置任务的方式，化被动为主动。教师要激发学生自主提出问题，提出任务，并分小组开展，任务不能一成不变，需要多种类型、多种形式，激发学生兴趣。三是把"教师要求做"变成"学生想要做"。教师要引导学生自己来布置作业，或者同伴来布置作业。

二、准确理解"学业任务"，适时调节"压力期望"

"压力期望"与学生对将来感知学习艰难程度相关。因此教师需要让学生准确理解"学业任务"，在感受"压力期望"中释怀。

(一) 把握未来学习的框架，降低"压力期望"

学生对教师发布的"学业任务"有很大的压力和逆反的心理，很多缘于学生对学习的迷茫，如果让学生了解现在的学习和未来学习的目标休戚相关，则能让学生心中有底，行有方向，才会对"压力期望"有所释怀。

一是学习内容有目标：如让学生知道本学期一共有几个模块、几个单元，每个模块或单元的主题是什么，需要掌握到什么程度，这样学生对整个学期的内容框架胸有成竹。二是学习心理有目标：不管是小学还是中学、高中，未来的每一个阶段学生都要了解。譬如：第一阶段是适应打基础、养成好规律；第二阶段是坚持不放松，稳定求突破；第三阶段是扎实善复习、加速往前冲。有了目标框架，加上每一个阶段的自我评估，学生就能知道目前"学业任务"处于哪一个阶段，就能理解教师的要求，乐于接受这些任务，根据自己的节奏过好每一天。

（二）提高后续学习动力，增加"压力期望"

对于那些"压力期望"小的学生来说，教师适当增加"压力期望"，可以为学生后续学习努力程度打下伏笔。

一是让学生知道学习是快乐的，也是辛苦的。有些学生面对"压力期望"会激发动力，有些学生会退缩、逆反。如果教师始终给学生灌输快乐学习、轻松学习、没有负担的学习，最终会培养出没有意志力和探索精神的学生，以后碰到一些苦难、挫折就容易退缩。二是作为教师要因材施教，给予不同特质的孩子不同的要求。特别是后进学生，教师要让学生感受到老师是重视自己的，自己努力的方向是正确的，每天的付出是小有收获的。三是培养学生自我加压的能力。"压力期望"是来自对教师的感受，很多学生有所排斥，但是真正热爱学习的学生，不仅不会排斥，更多的是自我加压。譬如：每堂课都要有记录；每节课要给自己的发言打个成绩；每节课后要花足够的时间看书，预习；每堂课都需要提前做大量的准备；每节课要尝试和别人交流，分享自己的想法。

三、全面维护师生心理，正确对待"压力期望"

"压力期望"有来自"学业任务"，也来自师生自身的心理承受能力。只有全面维护好教师和学生自身的心理健康，才能让适度的"压力期望"发挥积极的作用。

（一）提升教师自身的心理水平

只有教师调适好自己的压力值，以充满信心的状态出现在学生面前,才能给学生带来积极向上的动力。

一是开展心理调适工作坊。通过工作坊心理系列团辅活动,创设一个安全的空间,让教师在轻松的氛围中,畅所欲言,交流互助,缓解教育教学的压力。二是开展心理技术培训班。教师在处理教育教学各种情景时,需要不断提高心理水平和能力,譬如情绪控制力、心理承受力、教育表现力、自我察觉力等。通过培训学习,让教师掌握先进的心理教育技术,更好的洞悉现代学生的心理,开展有针对性的教育。三是演绎校园心理剧。许多"压力期望"来自教师布置任务时的语言、态度和方式方法,让学生产生了紧迫感、压力感,导致不良的师生关系。通过设计校园心理剧,邀请学生一起参与演绎,通过角色互演或事件重复演绎,让师生体会彼此的情感与思想,加深理解,更多包容。

(二)开展学生学习心理辅导

"学习心理辅导"能帮助学生了解学生的学习状态、学习潜能,帮助其调整学习压力。

一是开展学习心理测试,了解学生学习状态。设计学生学习心理测试卷,通过调查了解学生的学习状态,如学生学习计划方面,后进学生无计划,不明白要做什么,该做什么;优秀学生计划性强,有目标,有学期规划,有周计划、日任务。二是激发学习动机,提高自我效能。学习动机不仅包括内部动机,如学习活动本身的意义和价值,还包括外部动机,即学习外部活动引起的动机。通过激发内部和外部的动机,学会积极归因,通过对其他活动的学习兴趣来促进兴趣迁移到学习中来。特别对后进生个别辅导,提供成功的机会,营造适度的竞争氛围。三是学习考试心理辅导,提高应考能力。考试是检测学生学习的综合能力,包括考前心理状态、学习方法、学习基础。提高学生应试技巧，能很大减缓学生的学习压力。

"压力期望"始终存在于学习生活中，"期望"和"压力"也在特定的环境下发生微妙的转化，让我们调试好"压力期望"这个天平，保持天平的稳定性，让压力变成动力，让期望变成希望，从而不断提高学生的学习动力。

【活动方案】

即兴校园情景剧

一、活动目标：创设一个安全信任的氛围，在心理咨询师的带领下，分享经历的故事，通过情景演绎来重塑事件经过，梳理内心情感，学会释放。

二、活动准备：主角、导演、辅角、观众、舞台

三、活动对象：教师团队

四、活动过程

（一）热身

1. 介绍什么是心理情景剧。心理情景剧是可以让你练习这样过人生，但不会因为犯错而被惩罚的方法。当你无法用言语表达时，就用行动来表达。心理剧给你提供了审视自己的空间，提高自己的洞察力，借此走出困境，实现自我整合和人际关系和谐。

2. 演绎心理情景剧原则。在这里涉及的所有的内容，都要保密。击掌为盟。

（二）社会测量，确定校园情景剧主角

1. 今天心情如何？或心情很好，或心情很糟，让老师们站成一排，从一端心情不开心 0 分到另一端心情很开心 100 分，根据自己的此刻的心情开心指数站立。

2. 拓宽提问：有什么开心的事呀？如果不开心，找谁倾诉？

3. 找到开心指数最低分问：你今天好像有点……？有什么事吗？了解事情经过，并确定其为主角。

（三）主角现场选定故事中的人物扮演

1. 根据分享故事中的人物的多少，由主角邀请部分教师担任角色（包括不同的情绪也有人来代表）。

譬如：请你来当我的女儿……如果不愿意，请说，对不起，我还没准备好。

2. 其他学员做观众，创设安全、信任的氛围。

（四）共同演绎

给点时间，共同演绎出来。

（五）退还角色

譬如：下面请角色退还给主角。你可以这样说，我不是你的……我是……

（六）分享感受

现在大家可以分享一下你的感觉，不可以评价，也不能判断，你只要谈自己的感觉，但感觉不能涉及主角，否则会被打断。

四、防止校园欺凌　提升教师保护力

【心理学小知识】

近年来，发生在学生之间的校园欺凌事件成为社会公众所关注的热点话题。各种新闻媒体纷纷进行了报道和揭露。校园欺凌事件的频频发生也引起了国家相关部门的高度关注。2016年4月，国务院教育督导委员会办公室专门下发了《关于开展校园欺凌专项治理的通知》。

《现代汉语词典》关于"欺凌"一词的解释是"欺负；凌辱"。

而在国务院教育督导委员会办公室专门下发的《关于开展校园欺凌专项治理的通知》中将它描述为"发生在学生之间蓄意或恶意通过肢体、语言及网络等手段,实施欺负、侮辱造成伤害"的事件。

心理学上则将校园欺凌分为直接欺凌和间接欺凌,其中直接欺凌包括肢体欺凌和言语欺凌,间接欺凌则指通过散播谣言、利用人际关系、煽动他人恶意对待等方式,将受欺凌者排除在某个团体之外。随着网络的普及,将欺凌视频或受欺凌人的行为公布在网络上为特征的网络欺凌也成为一种主要方式。

校园欺凌不是我国特有的,是由来已久的国际性难题,早在20世纪50—60年代就在美国、日本、德国等国家引起关注。日本国会在2013年通过了《校园欺凌预防对策推进法》。该法对校园欺凌作出了明确的解释:"校园欺凌"指"学生因为相关人士的心理、物理攻击而受到的精神上的痛苦",且不论暴力行为是否发生在校园内、只要参与双方属于同一学校、年级和社团,都属于校园欺凌。定义中的"物理攻击"不仅包括被害学生受到的身体伤害,还包括抢夺财物等行为,强调了"被害学生的立场"是判断是否构成校园欺凌的最重要因素。

对于校园欺凌,我国还没有全国性的调查数据,但通过查阅资料可知,一些地方和组织还是做过一些调查,大致可以知道目前校园欺凌的状况。2002年,山东师范大学心理学教授张文新等人针对山东省9205名城乡中小学生作了校园欺凌现象的专门调查。调查显示,近五分之一的被调查者有欺凌或被欺凌问题,1371(14.9%)名学生自认为是受欺凌者,227(2.4%)名学生自认为是欺凌者。研究还发现,在小学和初中阶段,直接言语欺负的发生率最高,其次是直接身体欺负,间接欺负的发生率最低;小学和初中男生受直接身体欺负的比例显著高于女生，直接言语欺负没有显著的性别差异。随着年级的增长，欺凌行为有所变化，年级越高，采取语言欺凌的人数越多。

另外，广州市海珠区青少年事务社会工作服务平台——"青年地带"，曾在2014年对海珠区三所初中的初一新生展开过校园欺凌的现状调查。在1447名受访者中，有23.7%的学生表示，在过去的一个月内曾受同学的欺凌，有192名同学受到一次以上的欺凌。

从这两个地方的调查可知，校园欺凌现象长期存在，而且情况比较严重，欺凌者和受欺凌者的比例也较高。

结合近年来各种新闻媒体的报道，我们可以将校园欺凌大致分为三类：

一是在校园内或校园周边，校外不法人员对在校学生实施欺凌。我们在媒体上经常看到或听到校外一些不法人员对学生勒索钱财，使得这些学生往往害怕而不知所措。学生在上学或放学时受到社会上的不法人员的勒索和敲诈，已成为一种社会违法犯罪现象。

二是在校园内或校园周边，学生之间相互实施欺凌。在校学生之间的欺凌行为在未成年人暴力犯罪案件中所占比例很高。中国青少年研究中心2006年针对西部某地级市进行的全市抽样调查发现，学校里有"大同学欺负小同学"现象的占51.3%，有"拉帮结派打架斗殴"现象的占36.3%，有"勒索钱财"现象的占22.5%。

三是师生之间实施的欺凌。教师和学生是学校教育的主体，在学校教学过程中，有个别教师缺乏师德，对学生体罚或变相体罚，对学生的身心造成伤害。此外，有些道德品质恶劣的学生对教师的真诚批评教育怀恨在心，便自身或纠集他人一起对教师实施暴力，动手殴打教师。

【活动案例】

<h2 style="text-align:center">校园防欺凌　让学生在安全氛围中生长</h2>

一、校园欺凌的原因

校园欺凌的形成原因是多方面的。根据众多校园欺凌的案例，结合有关心理专家的分析，发生在校园内或校园周边的欺凌事件有学校的原因，也有家庭、社会的原因，更离不开欺凌者、受害者的主观原因。

（一）学校层面的原因

虽然我国的素质教育已推进了二十多年，但不可否认，受中高考升学的影响，有不少学校教育仍以分数为主，学生评价标准单一，学习成绩好便一切都好。成绩差的学生往往得不到同学和老师的认可和关心，使他们自暴自弃，这往往是日后产生欺凌行为的一个重要因素。同时，学校运用校规校纪处理有欺凌行为的学生也做得很不够。

（二）家庭层面的原因

家庭结构缺陷和家庭教育不当，是导致校园欺凌不断抬头的重要原因。不少校园欺凌者，家庭生活都不幸福，他们要么从小失去父母关爱，要么家庭生活不正常，如争吵、家庭暴力等，造成了他们极端的性格。有心理学家认为家庭暴力是造成校园欺凌的根源。经常受家庭暴力影响的孩子内心承受着很大的心理压力。此时如果再遭遇父母离异、家庭"战争"等负面刺激，就很容易形成"攻击性人格"。因此，他们往往会通过欺凌弱小来释放压抑情绪，获取一种心理上的平衡。另外，家庭中对孩子教养上的骄纵也是造成欺凌事件发生的重要原因。现在的孩子大多是独生子女，受着父辈、祖辈的百般宠爱。久而久之孩子的心中形成了以自我为中心的思想意识，往往会自觉不自觉地形成一种别人必须听命于我的错觉，并且把这种错觉带到校园。

（三）社会层面原因

当前我国正处于社会转型期，各种矛盾凸显，多元利益冲突集中爆发，严重冲击着社会公众的是非观和价值观，产生了一定的社会失范现象。特别是网络中一些暴力内容的放大和传播，树立了"坏榜样"，对孩子产生严重的不良影响。此外，网络世界的虚拟性、隐蔽性使欺凌者无所顾忌，导致同网络欺凌相联系的校园欺凌多发。

（四）自身层面的原因

中小学生处于生理心理发育期，精力旺盛，表现欲强，情绪起伏大，是非观念尚未稳定，容易忽视法纪。很多校园欺凌事件就是由于学生不成熟，心理问题得不到及时疏导，出于发泄压力、模仿、炫耀、寻求团体归属感等导致的。

除了上述原因外，欺凌事件之所以会发生，和欺凌事件中三类人的心理动机也是分不开的。这三类人就是欺凌事件中的欺凌者、协助者和受害者。

1. 欺凌者想证明自己是强大的

欺凌者自然或变相走到这步都有原因，其中一个方面就是想证明自己的强大。强大是一种优越感，也是每个人所追求的，特别是处于身心发展高峰期的中小学生，都想用某种方式证明自己比其他人强。强大从积极面来看，可以从优异的学业成绩、同学的信任、老师的器重、家长的支持、兴趣特长中获取。但很多欺凌者没有办法从积极层面来获取强大，只能用其他手段来满足需求，从中获取自己认为的强大。

2. 协助者想证明自己是有依靠的

很多欺凌者一般都不是一个人的,他会逐渐扩大他的圈子,会吸引一批比他弱小的跟随者。那些跟随者就是协助者,或者看见欺凌者的暴力行为得逞,于是协助及附和欺凌者,嘲笑受害者无用,同样获得强大的感觉;或者曾经受到过欺凌,借此保护自己,免受欺凌;或者被这个欺凌者欺凌,无力反抗,只得乖乖服从。

3. 协助者想得到欺凌者嘉赏更加有恃无恐

很多协助者的所作所为比欺凌者情节更加恶劣,很多时候是演给欺凌者看,想证明自己对欺凌者的赤胆忠诚,希望得到欺凌者更多的表彰、肯定。

4. 欺凌者因为有了协助者更加肆无忌惮

欺凌者随着协助者和出谋划策的人越来越多,被朋辈认同也越多,自我感觉也越好。根据责任分担的定律来看,因为"这件事不是我一个人来做的",因此做的事也会从简单的敲诈勒索,小打小闹,变本加厉转为恶性案件,并且怀着侥幸的心理"反正不是我一个人做的"而减少负罪感。

5. 受害者因为害怕报复更加退缩

受害者一般性格内向、朋友较少,尤其以身体智力障碍者或个性怪异的人居多,他们平时的表现被一些人视为"他是弱小可欺负的"或者"看不惯"。当他们第一次被欺凌者欺负时因为不敢表达,或者表达不清,或者没人可以表达,或者表达了也起不到作用等,导致恶性情况接二连三地发生。

二、校园欺凌的预防和矫正

预防和矫正校园欺凌是一项综合治理工作,需要用组合拳。除了要切实转变教育理念,提高教育质量,关注、关心、关爱每一个学生外，我们还应做好以下几项工作：

（一）调整校园欺凌事件参与者的认知

1. 让欺凌者明白什么才是真正的强大

采用矫正性心理辅导和法治教育相互结合，让欺凌者明白真正的强大是保护弱小而不是欺负弱小。欺负弱小的人是因为自身胆小、怯懦，想通过欺负他人来证明自己。真正的强大不需要证明，从他的一言一行中就可以看出来。解放军保家卫国是强大的，警察抓坏人是强大的，陪孩子玩的爸爸是强大的，扶起地上摔倒的小朋友是强大的。对于学生来说，真正的强大是在有能力照顾自己的基础上去照顾别人，而不是去欺负凌辱别人。

2. 让协助者明白什么是对与错

采用团体心理辅导，让协助者重新组队，隔断原先的模式，在新团队中感受温暖和正能量。减少协助者的跟随，欺凌者也不会仗着人多势众去欺负他人。因此改变协助者是一件非常重要的事情。还要通过各种教育方法，让协助者明白什么样的行为是正确的，可以做的；什么样的行为是错误的，不能做的。

3. 让受害者明白不是自己的错

采用个别心理辅导，给予受害者更多的关爱、理解和包容。很多受害者第一次被欺凌寻求帮助时，没有得到很好的帮助，譬如家长、老师说出，"为什么他们欺负你，而不是欺负别人"，让受害者受到了二次伤害。也有很多受害者屈服于欺凌者的威吓厉逼，不敢求助，默默忍受，从而导致之后接二连三地被欺凌。因此要告诉孩子不是你的错，应该勇敢地说出来，不要隐瞒下去，学会自我保护下的寻求帮助。

（二）善打组合拳，开展综合治理

1. 成立反欺凌队伍

学校是孩子们一起共同生活、共同学习的地方。学校要组建一支由学校领导、法治副校长、法治辅导员、心理辅导老师、家长志愿者等组成的反欺凌工作小组。要深入排摸学校的欺凌情况，做到不推卸责任、不逃避责任，更重要的是要有预见性，要本着"早发现、早预防"的原则，深入学生内部，保护弱小学生，引导中间学生，教育有欺凌倾向的学生。

2. 营造反欺凌氛围

学校要开展"反校园欺凌宣传周"或"宣传日"，开通"反欺凌"电话等，通过多种方式来渗透底线意识、规则意识、法律意识。同时还要不断健全防控校园欺凌事件的安全网，加强人防、物防和技防等的设施配套与制度设计，特别对学校校园内及周边区域隐蔽的地方要普遍安装监控摄像头，不留死角，加强检查和监控，以减少校园欺凌事件的发生。此外，要倡导多方努力，持之以恒地净化影视、游戏及网络空间。对影视、游戏及网络中的暴力、欺凌、色情等内容要严格审查管理，加大处罚力度。要特别增强正能量的宣传报道，为青少年树立好榜样、好导向。要披露欺凌行为，形成强大的社会舆论压力，特别要引起家长、老师和学生的共识、共鸣。当然，在披露时要注意保护未成年人的隐私和防止渲染欺凌暴力行为。

3. 落实反欺凌课程

学校要根据本校学生的实际，打造科学的反欺凌校本课程，课程并不是让学生去了解欺凌行为，也不是去引导他们欺负其他同学。很多时候，校园欺凌的实质是学生之间的交往关系出现问题，因此学习如何与同学相处，了解不同个体间的差异，学习合作，学会自我保护等。可以结合品社课、生涯教育课、心理辅导活动课等，采用心理情景剧、思维导图、房树人等方式有序开展。

4. 夯实反欺凌基础

通过亲子活动、家长开放日、跟着爸妈去上班、爸妈进班来上课等活动,不断加强亲子之间的良性互动、让孩子产生安全感、幸福感、被尊重感,从而培养积极心态,抵制外界的不良状况。同时加强家长的教育和监护责任,采用科学的家庭教育,不断提高家长对校园欺凌的认识,强化提升育子紧迫感、责任感和使命感。

5. 加强反欺凌立法

目前,我国处理校园欺凌只能援引《治安处罚法》《民法通则》《未成年人保护法》等。而实际处罚案例很少,力度也不够,不足以对欺凌者产生震慑。因此要倡导吸纳国外有效做法,如,2000—2002年美国加州等15州通过的禁止校园欺凌的法案,2004年韩国出台的《校园暴力预防及对策法》,2013年日本通过的《欺凌防止对策推进法》等。我国需要尽快制定专门的反校园欺凌法规,明确监护人、学校、社区、公安、司法等的职责;司法机关应加大对典型的校园欺凌案件的惩罚力度,各方形成合力,预防和减少校园欺凌的发生。

三、活动反思

校园欺凌现象已经成为了一个社会问题,每个人都是社会生活的一部分,每个人的言行也是一种事实的规则,面对这种事件不能冷漠、不能闲谈、不能回避,要担负起用正言和正行抵制各类不良现象的责任,让我们的孩子健康成长。

【活动教案】

让"友善"之风吹遍校园

一、活动目标

1. 了解"友善"的含义。

2. 学会"友善"待人的方法。

3. 以实际行动来践行"友善"。

二、活动准备

自编绘本故事、录音、制作媒体、自制卡片等。

三、活动过程

（一）游戏互动，理解友善

1. 游戏互动："大风吹"

师：同学们好！在正式上课之前，我们来做一个"大风吹"的游戏吧。

师：大风吹！大风吹！

生：吹哪里？吹哪里？

师；吹爱笑的人！吹喜欢小动物的人！吹乐于助人的人！吹愿意和施老师成为好朋友的人！……

生：（起立）我是爱笑的人……

2. 捕捉亮点，引出课题

师："笑一个，谢谢大家的微笑，你笑得真好看，你一定是个很容易相处的人"或者"在说助人为乐的人时，你站起来最快，你一定有很多好朋友"。"愿意和施老师成为好朋友的人"，哇，老师第一次认识你们，第一次给你们上课，这么多同学都喜欢和施老师成为好朋友呀。你们真是一群友善的人。

出示媒体：瞧，什么是友善？

师介绍：

友善的友如同两个人伸出两只手，表示以手相助，善的羊字头表示吉祥，两个点表示眼睛，还有一个口子，表示眼神安详温和，言语亲和。

友善就是朋友间的亲近和善。

（出示板书：友善就是朋友间的亲近和善）

今天，我们就要一起来探讨关于友善的话题。一起来上一节班会课：让"友善"之风吹遍校园。

（出示板书题目：让"友善"之风吹遍校园）

（二）故事讲演，感悟友善

师：刚才老师了解到很多同学喜欢小动物，昨天老师就收到了一封小刺猬的来信，它愁眉苦脸，它没有朋友，没人喜欢它，很多人还讨厌它，咦，到底发生什么事情了呢？

放录音故事片段（一）

从前，有一只小刺猬，它非常善良、可爱，可是大家都不喜欢和它玩，因为它身上长满了尖刺，总是会刺到别人，伙伴们都躲得远远的。眼看着一个个小伙伴离它而去，小刺猬伤心极了，它走到了一棵大树底下，发现了一根魔法棒。他对魔法棒说："魔法棒呀魔法棒，让我身上的刺消失吧！"突然，奇迹发生了，小刺猬身上的刺真的消失了。

师：你为什么笑呀？（生：这不像小刺猬了）

没有了刺，伙伴们又和小刺猬做朋友了，它们一起做游戏，玩耍。可是小刺猬身上的刺没有了，取食的本领也没有了，保护自己的能力也丧失了。它越来越憔悴，脸色苍白，四肢无力。

师：小刺猬，这样下去，会怎么样呢？

师：小刺猬得到了朋友，但是它快死了。作为朋友你希望小刺猬为了和朋友们玩而失去自己的生命吗？（学生回答，不希望）

师：你们希望小刺猬有刺？还是没有刺？

（刺是它身上的一部分，刺能帮助它觅食，刺能保护它自己。）

师：小刺猬感动地说："谢谢大家理解我。"（板书：理解他人）

录音：小刺猬说："如果我还是原来的小刺猬，你们还会和我在一起玩吗？"师：如何和有刺的小刺猬一起玩呢？（小组讨论一下，预设：保持一点距离，刺上插上果子，穿上皮衣，玩其他的游戏。）

师：谢谢同学们接纳有刺的小刺猬，并且用了很多方法去和小刺猬玩，"友善"就是接纳对方的特点，和谐相处。（板书：接纳他人）

师：老师还想问问，如果在玩耍中，小刺猬的刺还是会碰到对方，你会怎么办呢？（学生回答）

师：学会包容，相互谦让，学会不伤害自己和对方的前提下，用双方能接受的相处的方法相处。（板书：相互谦让）

师：可是小刺猬现在快要饿死了，假如你是其他小动物，你该如何做呢？（小组讨论一下）

师："友善"还要学会为他人着想：学会帮助主动他人。（板书：主动帮助）

师：在同学们的理解、接纳、帮助的力量下，魔法棒又出现了，小刺猬还原成原来的样子了，让我们用掌声庆祝小刺猬恢复了健康。我们掌声响起来！

师：这时候，大老虎来啦，小动物们吓得四处逃窜，小刺猬大声说："大家别害怕，我来保护你们！只见它蜷起身子，向老虎冲了过去，老虎被刺痛了，跑走了。"

师：大家得救了，对于欺负小动物的大老虎，不是我们的朋友，我们可不能"友善"对待哦。

师：小刺猬保护了大家，原来小刺猬的刺这么厉害，谁来夸夸它！（预设：谢谢你！你的刺保护了我们！谢谢你，你的刺作用真大！）大家说得真好，"友善"还需要用欣赏的眼光，看到对方的长处，"友善"就是欣赏他人。（板书：学会欣赏）

师："友善"的表现还有许多许多方面，和友善的人在一起会让人很舒服，会让人愿意接近他，会让人与人之间更加温暖。下面就让我们来一起实践一下。这里有4个情景，以小组为单位，抽1个，并给大家5分钟的时间来准备，然后上台来展示如何"友善"待人，好吗？先有请组长上台，开始。（放音乐）

（三）实践操练，践行友善

1. **情景模拟：如何友善待人（分组讨论后代表发言）**

（1）晨光小学组织全体学生观看演出，演出刚结束，全体演员手拉着手排着队出来谢幕，有些班级迫不及待地离开了会场，而三（1）班的同学和老师们是如何做的呢？一直鼓掌到演员全部谢幕才排好整齐的队伍出去。（预设：学会尊重）

（2）大家公认小军非常小气，平时天气热，同学会买瓶汽水喝，可他就喝水，从来不花一分钱，于是别人称他为"小气鬼"。可是听到某一地方发生大地震，班级发起爱心捐款，他居然捐了50元，而且都是他平时攒的零花钱。你如何看待他？（预设：学会欣赏）

（3）运动会上，小明参加了男子800米比赛，一开始他遥遥领先，到最后一圈时，他不小心扭了脚，摔倒在地，但他爬了起来，拖着受伤的腿坚持跑完了全程。他落到了最后一名，非常难过。（预设：主动帮助）

（4）小杰课间去洗手，一不小心将水甩在了小强的脸上，小强火了，说："你干什么？"他也想用手接了水洒小明身上。（预设：相互谦让）

2. **写一写：让友善之风吹遍校园，我可以做得更好？**

师：为了让我们的校园更加温暖，友善之风吹遍校园，我可以做得更好。我们还可以改善哪些友善行为呢？可以写曾经做得不够好的，也可以写准备如何做得更好的。

（1）动笔写一写

（2）同学之间交流

（3）指名分享

（四）观看视频，畅想友善就在身边

（五）老师总结

友善，会让我们同学关系更融洽，我们这个集体也更温馨，我们的校园也会更美好。希望我们不仅要把让友善之风吹遍校园，还要吹遍家庭，吹遍社会，让我们身边的世界更加温暖美好。

参考文献

[1] 施建英.小学"生长德育"的实践研究[D].上海:上海师范大学,2017.

[2] 毕明生.陶行知创造教育思想在当代课堂教学中的再解读[J].教学与管理(理论版),2009(24):8-9.

[3] 李金金."道德两难"案例的分析与反思——基于科尔伯格理论[J].现代交际,2020(2):122-123.

[4] 施琪嘉.为什么我们需要仪式[J].中国新闻周刊,2013(8):88.

[5] 靳玉乐,殷世东.生态取向教师专业发展的理念与策略[J].教师教育学报,2014(1):23-31.

[6] 檀传宝.学校道德教育原理[M].北京:教育科学出版社,2000.

[7] 高德胜.道德教育评论2013[M].北京:教育科学出版社,2014.

[8] 黄向阳.德育原理[M].上海:华东师范大学出版社,2000.

[9] 周国平.生命的品质[M].武汉:长江文艺出版社,2012.

[10] 翁铁慧.大中小学课程德育一体化建设的整体架构与实践路径研究[J].上海师范大学学报(哲学社会科学版),2018(5):5-12.

[11] 熊杨敬,王北生.我国未来教育研究的回顾与反思[J].教学与管理(理论版),2018(27):17-20.

[12] 夏学民.对心理学课堂教学艺术的思考[J].求实,2013(S1):278-279.

［13］俞金花.论"情绪"及"理性"在小学班级管理中的协调[J].才智，2019(36)：26.

［14］田夏彪.学校教育要破除学生成长的制约[J].中国德育，2019(2)：19-20.

［15］刘次林.幸福教育的三个理念[J].思想理论教育,2011(12):6-8.

［16］刘次林.教育·活动·发展:从主体活动解读素质教育——评陈佑清教授新著《教育活动论》[J].高等教育研究,2001(4):109.

［17］孙迎光.诗意德育[M].上海：三联书店,2011.

［18］朱永新.中国新教育[M].北京：中国人民大学出版社,2011.

［19］吴增强,高国希.上海市中小学生生命教育研究[M].上海：上海教育出版社,2006.

［20］张晓春.心理学在学校教育中的应用研究——评《学校教育心理学》[J].化学教育(中英文),2020,41(5):113.

后记

在加快"自然、活力、和润"的南上海品质教育强区的路上,奉贤区教育局、教育学院给基层教师创造众多的学习机会,搭建了成长、分享的平台。我有幸作为奉贤区卓越教师培养工程名师工作室主持人,在教育改革发展的大背景下,不断汲取学习的力量,不断提升自身的管理水平。

2012年11月,我入选第三期"上海市晋教系统名校长名教师培养工程"德育二组,在黄静华、戴耀红两位导师的引领下,努力以"德润生命"的基地理念进行实践探索;2015年9月调入思言小学,在朱权华校长的大力支持下,开展"生长德育"的探索,2017年5月出版专著《"生长德育"在思言》;2018年11月,我入选第四期"上海市晋教系统名校长名教师培养工程"攻关计划,在王卫明导师的引领下,围绕"生长德育"之"生长性活动"进行深入研究。

本书是汇聚了近十年来开展"生长德育"探索的历程成果之一,可能思考还不够成熟,不够专业,不够规范,提供给感兴趣的同行参考,并欢迎批评。在本书编撰过程中,得到了刘次林、黄静华、戴耀红、张蕊、何康、王卫明、王静、何文德等专家学者的悉心指导。在此,对专家学者以及一直帮助、支持和关注我的所有人表示衷心感谢。由于本人水平有限,时间仓促,如有不当或不妥之处,敬请批评指正!

施建英

2020年2月